夜の歌

真夜中が暗ければ暗いほど、

星の光が明るければ明るいほど

すべてのお問い合わせは、次の宛先にお送りください。

ブックドメインLLC。
543 Eルイーズ博士フェニックス、アリゾナ州85050

注文情報:
金額取引。特別リベートは、企業、協会などが購入した金額で利用できます。興味のあるポイントについては、住所のディストリビューターにお問い合わせください上。

アメリカ合衆国で印刷されました。

ISBNコード-13
ペーパーバック　978-1-964100-27-2
電子書籍　978-1-964100-26-5

夜の歌

真夜中が暗ければ暗いほど、

星の光が明るければ明るいほど

詩集

ヒルデガルト・ボナッカー・ブルーニ

BOOK DOMAIN LLC

目次

献身

私は夫のアルド・R・ブルーニ博士に詩を捧げます。
そして、亡くなった姉のエマ・キルスタイ
ンには、私が初めて詩を書きました。
どちらも私に詩を書くきっかけを与えてくれました。

しかし、何よりもまず、私は私の詩
の2回目の出版を捧げます
母、エミリー・ボナッカーへ。
彼女は私の若い心に高貴さの種を植え付けました。
彼女の素朴なキリスト教信仰は彼女のものであ
り、それが後に私の道徳的基盤となりました。

私の友人であるケネス・マイヤー博士とレベッカ・
エグリーに感謝の意を表したいと思います。
忙しいスケジュールの合間を縫って私の詩
を編集してくれた親切な人たちです。
そして、友人のヘルガ・キールネッカ
ーの助けに感謝しています。

また、私の家族、親戚、友人の皆さん
にも深く感謝したいと思います
他の詩に触発され、喜ぶいくつかの詩に感動しました。
彼らは私にそれらを公開するように勧めました。

ヘンリー・ワズワース・ロングフェローは、彼の詩
「THE DAY IS DONE」で次のように表現しています。
悲しみや悲しみに打ちのめされたときに彼が
聞くのが好きな詩のようなものです。

謙虚な詩人の言葉を読んでください。
その歌が心から湧き出た、
夏の雲から降り注ぐように、
そして、まぶたから涙が出始めます。

長い労働日を経て、
そして、安らぎのない夜、
彼の魂ではまだ音楽が聞こえています
素晴らしいメロディーの。

そのような歌には静寂の力があります
ケアの落ち着きのない鼓動、
そして、祝福のように来てください
それは祈りの後に続きます。

そのような謙虚でありながら示唆に富む詩は、神を讃
えるために、そしてもたらすために、私を書いた
インスピレーション、慰め、励まし、
そして時間を割く読者への喜び
彼らの好みの何かを罰金にするために。

ヒルデガルト・ボナッカー・ブルーニ
著者

序文

この詩集「A SONG IN THE NIGHT」、「The Darer the Midnight」、「The Brighter the Starlight」は、謙虚な始まりを遂げました。1976年、夫のアルド・ブルーニ博士と私は結婚10周年を祝いました。共有された10年間と自然の素晴らしさについて書かれた詩以上に、彼に与える贈り物があるでしょうか?

また、1976年には、全米ステーズ・オブ・アメリカがバイセンテニアルを祝いました。私は自分の養子縁組した国に貢献し、北アメリカの歴史と美しさに対する感謝と賞賛を詩で表現したかったのです。

しかし、一度もやったことのない詩を書き始めるにはどうすればよいでしょうか?私は、ジャーナリズムを学んでいた甥のベナール・キルシュタインに、詩の書き方についての本を推薦してもらえないかと頼みました。彼は私に、ローレンス・ペリーヌの詩の紹介である「音と感覚」をくれました。

説明書を読みながら、初めて詩を書いたのは10年前です。新しい詩が生まれるたびに、メーターの流れが良くなりました。書けば書くほど、詩的でリズミカルな詩で考えや感情を表現するのが楽しくなりました。

1976年4月2日、結婚10周年の日、私は初めて手書きの詩集「アルドのために」を夫に贈りました。彼はそれらをとても楽しんで、私がこれらの詩をすべて書いたのはいつかと私に尋ねました。私が夜に書いたと言ったとき、彼は驚いていました。

新しく手に入れた趣味を磨きたかった私は、イリノイ州パラタインにあるハーパーカレッジのクリエイティブライティングのコースに登録しました。

私は詩を書き続けました。私は、国際詩協会から出版されたものを見て嬉しく思いました。彼らは2000年に私を詩人のオブザイヤーに選びました。

私の本のタイトルを選ぶきっかけとなった2つ目のモチーフは、2022年9月11日のニューヨーク同時多発テロ事件を生き延びた人々、そして愛する人を失った人々の不屈の精神でした。命を危険にさらして現場に駆けつけた勇敢な消防士や救助隊員に敬意を表します。彼らは痛みと悲しみを信仰、慰め、そして愛国的な歌に埋めました。この悲劇についての私の考えや感情は、この詩「A DAY TO REMEMBER」で表現しています。

「A SOING IN THE NIGHT」というタイトルにした3つ目の理由は、飢餓と絶え間ない危険が私たちを囲み、生活が非常に困難になった第二次世界大戦の恐怖を思い出すためです。それでも私たちは神に賛美の歌を歌いました。彼の憐れみと保護によって、私たちの命は助かりました。

過去を思い出すことが私の詩「東プロイセンからの脱出」を生み出し、4人の兄弟、3人の姉妹、そして私が生まれました。第2次世界大戦中、私たち、そして第二次世界大戦に関わったすべての国の人々は、非常に多くの困難を経験しました。私たちのような母親や子どもたち、そして家を失った何百万人もの難民が、ロシア軍からの拷問と死から逃れるために、筆舌に尽くしがたい苦しみに耐えてきました。彼らもまた、最も暗い夜でさえ、心に歌を歌い、神への信仰を保ち続けました。

1944年から1945年にかけて東プロイセンから馬と荷馬車で逃亡したとき、母のエミリー・ボナッカー(46歳)と3人の姉妹のエマ(20歳)。マルタ、18歳。そして、16歳のメタは、とても英雄的な女性でした。私は彼らに最高の敬意を払っています。彼らはすでに不足していた食べ物を、1歳半の弟ホルストと7歳の私に与えました。彼らは馬の負荷を軽減するために、雪の中を何マイルも歩きました。彼らは食べ物を掘り、物乞いをし、私たちが飢えないように食べられるものは何でも集めました。空襲の際、彼らは私たちを避難所に連れて行ってくれました。私たちが滞在していた農場では、牛の乳搾りをしてくれたので、その見返りとして食べ物を手に入れることができました。マルタは病院で負傷した兵士のケアを手伝いました。

私の兄、ゲオルク、13歳。エドマンド、12歳。そしてリチャード、9歳、早老。彼らは馬と荷馬車での8ヶ月間の旅の間、男性の仕事をしなければなりませんでした。彼らは馬の世話をし、飼料を乞い、私たちが生き続けるために可能な限りの方法で助けました。私たち全員が、他の6人の母親、2人の兵士、そして2人の父親の助けを借りて生き残ったのは奇跡です。しかし、それは主に神の保護によるものでした。今日まで、私は神様と私たちを助けてくださったすべての方々に感謝しています。

姉のマルタは教師の家族と一緒に逃げ出し、家族とはぐれてシルケローデにたどり着きました。そこは、後にロシア占領下の幅5キロの非武装地帯となりました。そこで夫と出会い、厳しい状況下でロシア軍の警備員に囲まれて3人の子どもを育てた。赤十字社や親戚を1年間探し回った結果、私たちはお互いを見つけました。

神は、母、父、姉妹のエマ、マルタ、メタ、そして兄弟のゲオルクとリチャードからすべての悲しみの涙を拭い去り、彼らに永遠の喜びを与えました。彼らはすでに天の家に行ってしまい、そこではこれ以上苦しみは起こりません。

手短に、第二次世界大戦終結後のドイツの状況についてご説明したいと思います。連合国はドイツを4つのゾーンに分割しました。アメリカ軍はドイツ南部を占領しました。イギリス軍は北部地域を、フランス軍は南西部を、ロシア軍は東部地域を占領した。東プロイセンの北部はポツダム条約に従ってロシア政府に与えられ、南部はポーランドに与えられました。3つの連合国の同意を得て、ロシア政府はロシアがポーランドから奪った部分の返還としてポメラニアとセレジアを与えた。ユーゴスラビアはドイツの南東部の一部を要求した。こうして、ドイツは領土の3分の1、つまり農業部門を失った。

これらの東部の州に残ったドイツ人住民は、権利を剥奪され、財産から追放され、屈辱を受け、殴打され、あるいは働く能力があったとしても、最も非人道的な条件の下で強制労働者として拘束されました。抵抗すれば、その場で撃たれた。自国民でさえ、ドイツ人を助けただけで厳しい罰を受けました。このような状況にもかかわらず、多くの慈悲深い人々は、恵まれない人々と彼らのわずかな食べ物を共有しました。アメリカとイギリスの政府が残虐な状況を知ったのはずっと後になってからで、大量避難はより許容できるものになった。何千人もの人々が飢え、病気、重労働で亡くなったり、想像を絶する方法で撃たれたり拷問されて死んだりしました。　人間に対する人間の非人間性が新たな低さに達したとは信じがたい。わが独裁者に対する復讐と憎悪、そして彼の残虐行為は、無実のドイツ市民に向けられました。

西ドイツに逃れた幸運な人々は、そこで劣悪な住居と食料の状態も見つけました。爆弾は全家屋やアパートの

40%を破壊し、分け合う食料はほとんど残っていなかった。

私たちはしばらくの間、巨大な農場の1ベッドルームのアパートに14人で住んでいました。頭上に屋根があり、牛乳や食べ物をもらえるのはありがたかったです。その代わり、兄のゲオルクは畑で働き、姉妹のエマとメタはわずかな給料と食料配給で牛の乳を搾りました。

1947年6月、米国はヨーロッパ諸国の国直を支援するため、マーシャル・プランを策定しました。ドイツが一人当たりの受取額が最も少なかったにもかかわらず、ドイツ政府とその野心的で機知に富み、勤勉な男女は、ドイツを急速に再建しました。ドイツは再びヨーロッパで重要な工業国となりました。

多くの難民が米国、カナダ、および世界の他の地域に移住しました。彼らは、彼らに新しい家を与えた国々に貢献しました。1956年、兄のエドマンド、姉妹のエマとメタ、そして私は、アメリカ合衆国を永住地として選び、私たちは皆、アメリカ市民になりました。

戦後すぐにCAREの食料や衣類を送ってくれたアメリカの皆さんに大変感謝しています。私は、マーシャル・プランを通じてドイツを支援し、粉々になった残餐を再建したアメリカ政府と、第二次世界大戦の恐怖を生き延びた勇敢で有能で幸運なドイツ人男性と女性に感謝の意を表します。

戦争、政治的抑圧、不正、仕事関連の問題、貧困、虐待、感情的または肉体的な病気、家族の問題、障害者や末期の愛する人の世話、高齢の両親、または現代のペースの速い生活の日々のストレスに対処するなど、悲痛な経験をした女性たちに特別な敬意を表したいと思います。　そして、まだ彼らの心に歌を保ちます。これらの英雄的な女性は、めったに装飾されたり記憶されたりしません。彼らに敬意を表して記念碑は建てられていません。

私はあなたを尊敬し、言います:どんな状況でも歌い続け、見上げ続けてください。

地上のトラブルは短命です。いのちは神からの貴重な贈り物であり、私たちがいのちから作り出すものは、神への贈り物です。マスターウィーバーと共に、喜びや悲しみ、経験を糸として、美しい芸術作品を作り上げていきます。私たちは常にビジョン、夢、または目標を育む必要があります。さもなければ、私たちは滅びるでしょう。

この詩集は、世界中の親愛なる読者、親戚、そして素晴らしい友人であるあなたへの贈り物です。私は、人間の感情と、神の不思議と生命と自然の美しさの幅広いパレットを共有したいと思います。

しかし、私の最大の願いは、戦争が廃れ、お互いの死を求めることなく、外交を通じて私たちの意見の相違を解決することを学ぶことです。そうすれば、私たちは思いやりのあるグローバルな兄弟として尊厳と平和を持って共に生き、恵まれない人々と私たちの物資や資源を分かち合うことができます。

私は、ヨーロッパ、アメリカ、ロシア、日本、そして関係するすべての国々から、家族と国のために多くの犠牲を払い、勇気、愛、信仰、忍耐、そして勤勉さで戦争で引き裂かれた傷を癒した第二次世界大戦の英雄的な女性たちを称え、記念したいと思います。 許可。

私はこれを記念碑と呼んでいます。
第二次世界大戦のヒロインたち
ヒルデガルト・ボナッカー・ブルーニ
著者

夜の歌

暗闇に包まれているとき、全てが
私のベルベットの空から星が剥ぎ取られます。
歌詞の意味: 私の魂の中で炎が燃えている
それは昼も夜も輝いています。私は賛美します
わが素晴らしい神を讃える歌を歌い、
誰が押しつぶされるような苦悩を和らげるのか。

彼は私の心に喜びと平和を満たします
それぞれの敵に勝ち誇って立ち向かう。
雨上がりの香油のように太陽の光が戻ってきます。
スコールのたびに静けさが続きます。
私の根をより深く育てるために、
そして、私のより強い魂がより高い
位置へと昇っていきます。

愛国心

アメリカ国旗への頌歌

世界最年少の部類に入る
あなたは、愛と名誉を守っています。
皆さんは自由、正義、平和を支持しています。
そして、宇宙空間を誇らしげに周回します。

あなたは月に着陸しました、そしてそれで
未知のフロンティアに到達しました。あなたは輝く
夜は月と星明かりで送ります
全人類に平和と善意を。

あなたはアメリカの最高の時間を目撃しました。
しかし、恥ずかしさと悲しみに低く飛んでいきました。
暗殺者が大統領を殺したとき、
さもなければ、彼らの人生は自然に終わってしまうでしょ
う。

戦場で兵士たちを応援した君たち、
棺桶が壊れたとき、彼らの盾を抱きしめました。
勝利が勝ったところに、あなたは誇らしげに立っていました、
敵にも世界にも、あなたの力が見せつけられました。

アメリカの各機関に印を付けます。
私たちはあなたを深い献身で表示します
私たちの国と海外で。
自由の地で永遠に飛べる。

アメリカの風光
明媚な美しさ

世界の多くの国を旅しました。
私たちの連合のすべての異なる州を見ました:
しかし、私が心に抱いているものはありません
北米より。私の意見では、
それは神の最高傑作です。

私たちは太陽とともに私たちの土地を旅します、
春に高められた彼女の美しさを観察する。
彼女は素晴らしいディスプレイで大西洋を上昇します
古代の花崗岩の崖の海岸に沿って、
これにより、波が噴水スプレーに変わります。

彼女は険しい断崖絶壁の上で登り、立ち止まります。
サファイアの湖が反射することを切望している場所
森に覆われた丘、雲の斑点のある空。
彼女のキスと暖かさに木々や植物が反応します。
彼らは明るく咲く花に赤面し、優しくそして恥ずかしがり
屋です。

彼女は果てしなく続く南の海岸へと急ぎ、
鳥や海水浴客に砂浜に群がるように頼み、
波と手のひら、彼らの絶え間ないコンサートの轟音
彼女の前に壮大な広い川床が届きます、
彼女はそびえ立つ尾根の間に巨大な影を落とします

そして、野生の花の房状の山の牧草地で、
それは彼らの広大な牧歌的な愛らしさを誇示しています。
彼女は強大な川の急流に乗り、
その後、蛇行して何度も曲がります
肥沃で豊かな中心地から土を運び、

そして、深く暗いノースウッズからの森の歌、
それは何千もの氷河湖で飾られています。
彼女は肥沃な畑の上に雲を乗せます
そして、広大な大草原に虹が架かっています。
かつては全帆で揺れる船のように、

彼らの先駆者たちが運んだプレーリースクーナー船。
彼女は南部の平原を砂漠に焼き尽くし、
茂みと巨大なサボテンの奇妙な公園を作成します。
明るく咲くものもあれば、古くて枯れたものもあります
巨大な歩哨のように空を指しています。

果てしなく続く野原と大草原にうんざり
彼女は険しい山脈を登ります。
ターンごとに新たな驚きが明らかになります。
湖は宝石のようにきれいに設定されています
覆われた花崗岩の崖の間の谷で、

まだ雪と氷で満たされたポケットが見えています。
岩だらけの峡谷を小川が渦巻いています
雷鳴を発生させる発泡カスケードの形成
急で巨大な尖塔を下ります。
驚きと驚きの世界に突入し、
泡立つ泥の中で、背の高い間欠泉が噴出しています。

カスケード山脈の中で、彼女は息を切らして見つめています
深くて青いクレーター湖へ。
彼女は峡谷の風景の壮大さで遊びます。
暑く、乾燥しているが、花が咲く砂漠を飛び越えます。
その後、背の高いセコイアのスリザーズルのアーケードを
通り抜けます。

それは彼らの古代の木のてっぺんで空を伸ばします。
彼女は太平洋で日光浴をします。eventideで、
ピンクのドレスは、赤面する若さの花嫁のようです。
彼女は魅惑的な海岸に「おやすみなさい」とキスします。

彼女の夜装いが大好きな波と風。
彼女は深い川に氷が流れる土地を夢見ています。
そして、ツンドラ地帯を通る角の海が轟音を立てます。
彼女は熱帯の島々で待っている美しい乙女たちを描きます
花と笑顔に満ちた心で彼女を迎えること。

世界の多くの場所、
私は見たが、アメリカほど美しいと思う人はいない。

思い出に残る一日

9月11日
私たちが常に思い出に残る日です。
私たちは二千一年という年を書きました。
その朝、テロリストがニューヨークを攻撃したとき。

彼らはハイジャックされた飛行機を飛ばし、墜落させた
世界貿易センターのタワーの　1　つ。ガラスが割れてしまい、
炎が鋼を溶かした。コンクリートが崩れた
そして人間を生き埋めにした。つまずいた人もいた

煙が充満する階段を駆け下りながら。
消防士らがホースとギアを持ってタワーに急行した。
英雄的な努力がすぐに始まりました
できるだけ多くの命を救うために。

その後、飛行機が2番目の塔に衝突しました。
火の息、死の塵が喰らう
もっと無邪気な人々、背の高いランドマーク
建造物が崩壊すると灰になります。

それらは爆発して崩壊し、
数分経過後。
煙、灰、瓦礫
都市の一部を埋める。
人々は泣きます！
何千人も死ぬ。

サイレンが鳴る。
救助隊
瓦礫の中を掘る
負傷者は解放される。
トラックが掃除に急ぐ
現場までの道。
赤いライトが点滅する
煙と灰を通して。
マンハッタン、ああ、恐ろしい、
恐怖で負傷している。

市長は爆心地に急ぐ。
ダメージを評価するには、各勇敢な英雄を称賛してください。
彼はニューヨーカーたちに、彼らは一人ではない、と言いました。
負傷して亡くなった愛する人たちの悲しみを世界が共有しています。

救助活動が行われている間、
3機目の飛行機が国防総省に激突した。
4台目はオープンフィールドに墜落した。
パイロットと乗客はハイジャック犯に屈しなかった。

彼らは予定していた死者数をかなり低く抑えた、
そして国会議事堂を守るために命を捧げた。
新規のフライトはキャンセルされます。すべての飛行機は着陸しなければなりません
さらなる災害を防ぐために、テロリストは計画を立てていたのかもしれない。

世界中でニュースが流れる中、
ブッシュ大統領は諸国民に対して次のように演説します。
「我々は有罪者を裁いてこう言うだろう」
顔のない敵を宿す者たちへ、

あなたには罰が与えられるでしょう、
あなたが私たちの政府に協力しない限り。
私たちは立ち直って容赦なく戦わなければなりません
恐怖からの自由と安全を取り戻すために。

私たちはこの圧政と戦わなければなりません。
最後に勝利を収めるまでは」
世界的および全国的な祈りの徹夜祭が始まりました
亡くなった方、負傷された方、そして平和が続くように。

「アメリカに神のご加護を」議会
上院と人民は旗を掲げながら歌を歌った。
愛国心はいたるところで開花しました。
思いやり、勇気、信仰、そして一部の恐怖も同様でした。

各地から非常に多くの援助が寄せられ、
生活、ニューヨーク、そして経済を再建するために。
神は私たちの信仰を通して、この痛ましい傷跡を癒してくださるでしょう

そして死の塵を燃える星に変える。

2001 年 9 月 11 日のテロ攻撃で命を落とした人々を追悼して書かれ、ジョージ W. ブッシュ大統領、ニューヨーク市長ルドルフ　ジュリアーニ、そしてすべての勇気ある救助隊員、ボランティア、親切なアメリカ国民、思いやりのある人々に捧げられました。世界中の人々。

ジョージ・W・ブッシュ大統領の手紙

THE WHITE HOUSE

9月11日に米国に対して行われた戦争行為について書いていただき、そして思慮深い追悼のメッセージを送っていただきありがとうございます。この悪に直面しても、我が国は力強く団結し続けており、世界への自由と機会の灯台となっています。

私たちの政府は中断することなく機能し続けています。私たちの諜報機関、軍、法執行機関は、これらの攻撃の犯人を見つけるために休むことなく取り組んでいます。私たちは、これらの行為を行ったテロリストと、彼らを助けたり匿ったりするテロリストを区別しません。

私たちは、アラブ人およびイスラム教徒のアメリカ国民が我が国を愛しており、尊厳と敬意を持って扱われなければならないことを忘れてはなりません。あらゆる信条、民族、国籍のアメリカ人は、共通の敵に対して団結しなければなりません。

これらの恐ろしい悲劇が起こって以来、私たちの国民は寛大で、親切で、機知に富み、勇敢でした。私はすべてのアメリカ人に、助ける方法を見つけることをお勧めします。 LibertyUnites.org のようなウェブサイトは、救援活動に参加したい人にとってのリソースとして役立ちます。あなたとあなたの家族に神のご加護がありますように。そしてアメリカに神のご加護がありますように。

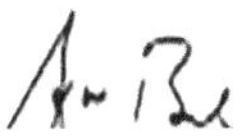

私たちの国の誕生

アメリカが支配された
長年にわたる君主制によって、
誰の法律と圧政
苦しみと絶望を広める。

力強い声が叫んだ
あらゆる苦悩する心の中で：
「自由にさせてください！自由にさせてください！」
指導者たちはこの切実な訴えを聞き、

そしてすべての人を組織し、
自由のためには喜んで死ぬ、
自分たちの国と家族を守るために。

彼らは長く血なまぐさい戦争を戦った
まで勇気を出して
彼らはあらゆる予想に反して勝利した
そして大きな逆境。

ついに彼らは旗を掲げた
星条旗の。
彼らの勝利だ！
国家が誕生しました。

ジョージ・ワシントン

アメリカの歴史を振り返ってみると、
すべての人間の中で誰が最も影響力があったのか
新しい国家を創るには？それはジョージ・ワシントンだった。
彼は誠実さによって勇敢な名誉を獲得した。

小さく揺れる軍隊の将軍として
彼は英国君主制の熟練した兵士たちと戦った
勝利はほぼ不可能かと思われたが、
彼は敵が弱って倒れるまでやめなかった。

彼が政治家だったとき、再び彼が選んだのは、
仲間に奉仕するための困難な道。
彼はすべての国に一つの連合を創設するよう訴えた。
彼は多くの敵にもかかわらず成功した、

初代大統領として、彼は良い模範を示しました。
私たちは神を信頼します、と神は前文として選びました。
彼は自分の問題を主人の祭壇に置いた
神の知恵のおかげで彼はひるむことがなくなりました。

エイブラハム・リンカーン

すべての大統領のうち誰が
私たちのことを心から大切にしていますか？
エイブラハム・リンカーンではないとしたら？
彼の静かな威厳は生き続ける。

ホワイトハウスまでの長い道のり
終わりのない失敗で舗装されていました。
彼の謙虚な背景が原因ではなかった
彼は夢や目標を諦める。

彼は謙虚に神、神の同胞、国に仕えるよう努めました。
彼はチャンスに挑戦した
正しくて良いことをすることによって。

彼の最も重要な道徳的指針は次のとおりでした。
「権利は力を生む。」
ここに私は立っています。それ以外のことはできません。
絶対に妥協しません！」

憲法の作成

(人々、代表者、そして神の間の裁判で書かれたもの)

人々:「はい、私たちは外国の法律から自由です。
しかし、見てください、私たちの国に何が起こっているのでしょうか?
分からないからこそ混沌が支配するのですが、
今、私たちを導き、団結させるのは誰でしょうか?」

参加者: 「人々は落ち着きがありません。混乱が彼らの主人です。
私たちは災害を防ぐために迅速に行動しなければなりません。
フィラデルフィアに集まりましょう。
そして、コモンローに関するガイドラインを設定します。

人々: 私たちは不安な期待を持ってあなた方に期待しています。
今、私たちの国を救えるのはあなたの知恵だけです。
あなたは私たち全員の利益を受け入れなければなりません。
自分のルールとして憲法を書くとき。

代表者：「私たちは謙虚に頭を下げて祈ります：『見捨てないでください』
私たち。私たちには果たすべき大きな任務があります。
偉大な創造主よ、あなたの知恵を私たちに教えてください。」

神:「私と私の神の知恵を信じてください。
善と真実と美を取り入れて私の王国を築きましょう
ここ地球上です。私の道に従ってください、そうすれば私は永遠の恵みであなたの民を祝福します、
あなたをすべての国の模範として称賛してください。
そうでなければ、あなたは破滅に見舞われるでしょう。」

代表者：「各人は平等に扱われなければなりません。
自分自身の信条を崇拝する権利を保持します。
私たちは州と連合の力のバランスをうまくとります。
政府の無政府状態が少なすぎる。
多すぎると人々は憂鬱になり、劣化します。
私たち政治家は誠実に奉仕しなければなりません
一定の方法で国民に選ばれること。
私たちが成功できるよう、神が私たちを祝福し、導いてくださいますように。
辛抱強く待ってください、もし私たちが間違っていたなら許してください。」

人々：「代表者たちは知恵を示しており、懸念している」
私たちを政府にすることで、私たちの幸福を。
今、どうなるかは私たち一人ひとりにかかっています
正直で忠実で自由な国民
永続的な民主主義の構築を支援する。
私たちは神を信頼します、私たちの前文はこうです。」

宇宙飛行の夢

カウントダウンはゼロだった。燃えるような爆風で
ロケットは発射マストから離陸した。
火矢のように空気を貫き、
そして、グローバルな雰囲気を後にしました。

私は地球の重力を超えて軌道を回り始めました
宇宙の威厳の無限の驚異を見た。
今まで、定命の者は誰もそれができなかった
白と青の大理石のような壊れやすい地球を見るために

壮大な宇宙の中を漂います。
銀色の月が地球の周りをぐるぐると回っていました。
ダイヤモンドダストのように、星がちりばめられていました。
時々、太陽が私の目にルビーのように輝いていました。

果てしなく広がる宇宙空間の息を呑むような素晴らしさ
私に調和と宇宙の平和を与えてくれました。
私は神の無限の栄光を宣言するために天に加わった
聖書の創造の偉大な物語を人々に朗読することによって。

再び地球に戻ったとき
私は賢明で先見の明のある女性でした。
私は人類を助けたいと思っています。私は苦労して努力します
地球上の生活の質を向上させること。

グランドキャニオンランド

峡谷の大地を見たことがありますか？
ネイチャーズアーティストが集う巨大な石庭
色の付いた岩や砂を彫刻している
堂々とした彫刻家たち。あなたはとても感銘を受けています、

あなたは神の聖地に立っていると感じます。
聞いてください、素晴らしい音が聞こえます
今も岩層を刻む川と風。
彼らは自分の創造物に決して満足しません。

早朝の輝きの中で彼らは素早く働きます。
正午になると、彼らは雨と暑さで仕事を和らげます
夕方になると絶妙に流れていく
彼らの巨大な足の周りに金色の夕日が見えます。

夜になると、月や星が昇って問いかけます。
「休んで仕事を楽しみませんか？」
彼らはほんの少しの間、うとうとと時間を過ごしますが、
次に、さらに壮大な記念碑を彫刻します。

自然

新しい日の夜明け

恥ずかしながら、夜明けに太陽が険しい山の頂上の後ろに
昇ります。
そして、黄金の光線が輝く海面を滑空します。
彼らは砂浜で休んでから、つま先立ちで陸地を歩きます。
太陽の光が木々や花々に優しくキスをして、
その後、窓を突き抜けて眠っている住人を目覚めさせます。
もうすぐ、太陽がまばゆいばかりの輝きを放ちます
生まれたばかりの日の夜明けを祝うために。
夜の闇を追い払い、
光は神の無限の驚異を表します。

朝

朝は神様と出会う至福の時間です
自分の運命に立ち向かう強さを求めて瞑想し祈ること。
神は私の心を静め、山の頂上まで引き上げてくださいました。
見上げると、彼は私の心を喜びと平安で満たします。

神は毎晩悩みや疲れを埋めてくださいます。
彼は毎日にちょうどいい新しいエネルギーを与えてくれます
自分の義務を果たし、冷静かつ強くあり続けるために
一日中神の愛の中にしっかりと固定されています。

私は自分の十字架を杖として使い続けます
それは私を引きずりおろす障害としてではありません。

誇り高く笑顔で十字架を背負うとき、
私は他の人を悲しみから喜びへと惑わすのを助けるかもしれません、

私は毎日夜明けに神に会い、
神の貴重な御言葉を読み、瞑想し、祈ること
他の人たちと私のために、私が恵みのうちに成長できるように
彼が私を家に呼んで直接会うまで。

夜

夕方は金色の雲で夜を覆いました、
色褪せたシュラウドから太陽光を取り除きました。
宇宙から夜が入ってきた
地球上に闇のベールを落とすために。

彼女の無数の目がベルベットの空を照らした
そして人間の心を見つめて試してみた
それぞれの落ち着きのない魂から問題を取り除き、
そして、それを彼女の豊かな平和で満たしてください。

夜の歌がささやきのように響いた
不吉に見えたものが喜びに置き換えられました。
彼女の優しい指が私の目を閉じる前に、
そして魔法の夢の国へ、私は立ち上がった、

私は熟考し、祈りました。神はそうかもしれない
愛する人たちを昼も夜も守り、祝福してください。
私は受けたすべての祝福に感謝を捧げました、
そして毎日の目標を喜んで達成しました。

凍った美しさ

暗闇が疲れた目を休めながら、
自然は氷のおとぎの国を作ります。

茂みの枝が結晶化する
彼女の冷たい手の感触によって。

彼女は壊れやすい傑作を守っています。
最も柔らかな雲の中で

誰もがその美しさに気づくまで
彼女は贅沢に展開します。

そして風の翼に乗って駆け出す
より貴重な芸術作品をお届けします。

ポンデローザの木

ああ、ポンデローサの木よ、
あなたは私にとても似ています:
いくつかの枝は生命力と緑に満ちており、
さらに、節くれだったり乾燥していたりしても、天に届くものもあります。

あなたはたくさんの鳥を飼っています
時を経て掘られた穴の中で、
そして秋の空から暖かさを感じてください。
雪が積もると、嵐の中で体が曲がり、揺れます。

ただし決して壊れず、ただ振るだけです。
毎年、新しい根が生えてきます
体幹に栄養を与えて強化するため。
死神が来てあなたを切り倒すまで。

アウトドアに来てください

風が窓を叩いている
私に屋外に来るように頼む:
「見て、自然の恵みを探ってみて
そして、スミレとヒナギクを選びます。
森や野原で。
君の生きる喜びを新たにします
春とのランデブーを通じて。」

ヨセミテの季節の変わり目

空中神殿ハーフドーム、
雪に覆われたスタンド。公園は静まり返り、
そして沈黙が語る。川は急ぐことなく、
雲と木々を反射し、今は裸になっています。

白い水が雪を洗い流します。
春の響きが谷に響き渡ります。
黒樫の木が葉を広げ、
そしてハナミズキの花はその美しさを誇示します。

太陽が夏のレースを始めます、
そして北の空を背景に描く山々や木々のシルエット、
そして高い草原には花が咲きます。

日が落ちると、紅葉のように、
鮮やかな色合いの秋の炎
赤と金の。離れていくと彼は消えていき、
そして冬は崖の下をさまよいます。

新しい一日

塔に行きます
新しい日を迎えるために。

夜明けの空に二つの星が浮かんでいます。
岩の周りには波がまだ眠っています。
サギが砂浜を歩いています
魚やカニなどを食べるため。

穏やかな海面の上で
ペリカンは非常に低くうねっています。
フィンチが木の上で元気にさえずる
飛行中にツバメが昆虫を捕まえます。

ボートのドローン操縦
神聖な沈黙を破ります。
漁師たちは急いで海へ
胸を魚で満たします。

太陽は光のベールを紡ぎます。
水と崖を越えて、
明けの明星が消えていく
そして岩は赤くなります。

太陽の光が金色の絨毯の上を滑る
陸を越え、海を越えて街へ。彼らは挨拶します
そして彼女の列の中で私を抱きしめてください、
そして新たな一日の始まりを告げます。

敬意を込めて手を合わせますが、
そして神の慈しみを思い返しましょう。
光と命をくれたメーカーに感謝します。
陸、空、海のすべての生き物が、

私が見る美しさは、
彼の愛と歓喜。

春の夕暮れ

夕暮れがゆっくりと草原を覆います。
日々の仕事を終える時間です。

気球が滑空していきますが、
そして夕暮れの空に消えていきます。

メドウヒバリの声を聞きます、
そしてコマドリの歌のツイッター。

風がそっと入札を煽る
緑の枝が休息を誘います。

太陽は素晴らしくゆっくりと沈んでいきます
地球を優しい霧で満たします。

深い闇に飲み込まれる前に。
創造物は優しく抱かれて眠ります。

私の心は畏敬の念と賞賛で満たされています。
神はご自分の傑作を明らかにされたからです

晴れやかな春の日の夕暮れ
5月の美しさをたっぷりと。

雷

雷が遠くで太鼓を打ち鳴らし、
そして雷の音に合わせて雨粒が踊ります。

彼の近づくビートはますます速くなり、
そして、ゴロゴロ音がどんどん大きくなっていきます。

猛烈な狂乱の中でドラムが爆発し、
そして火の粉が空をジグザグに飛びます。

雨滴

細い銀の点線の糸のように、
空からは雨粒が落ちてきます。
空いている河川敷を埋める
とても乾燥した土地の渇きを癒すために。

海や海で生まれ、
舞い上がる風に乗せられて、
彼らは花や木々を抱きしめ、
そして、赤面したバラの花にキスをします。

私たちのファルコンペドロ

冬の家を建てているとき。
作業員が負傷したハヤブサを連れてきました。
私たちは彼をペドロと名付け、養子にしました。
彼を元気にすることが私たちの目標でした。
私たちは彼の足と怪我をした翼を治しました、
それから彼を革紐で縛りました。
彼はすぐに治り、順調に回復しました。ある日、彼は飛ぼうとしたが落ちてしまった
地面まで。今、彼は自由だった。
彼は立ち去り、私を見て、
そして羽を伸ばして飛び去っていきました。
さて、ペドロは調査に着手しました。
美しい空、心の故郷。
複雑な感情を抱きながら、私は彼が去っていくのを見ました。
家を出るペドロに手を振りました。
そしてその後、私は彼を見失いました。

毎日外に出て確認していたのですが、

もし彼が覚えていたら、どうやって戻ってくるのか。
ある日、一つの影が目に留まった
近くの木に鳥が止まっていました。
私は外へ飛び出しました。私は畏敬の念を持って見ました、
数カ月前に去ったのはペドロだった。

「ペドロ！」私は木に向かって叫びました
「あなたが私のもとに戻ってきてくれて嬉しいです。」
私は彼と話しました。彼は頭を向けた
まるで彼は私が言ったことを知っていたかのように。
そして翼を広げて飛び始めた
アーチ型の空へ。
私は今幸せです。彼はよく過ごしている、
彼の本領を発揮した人生。

彼は翼に太陽光線を当てて遊んでいます、
そして、激しい雷鳴が鳴り響くのが聞こえます。
彼は稲妻が点滅するのを眺めている
そして上空を風を受けて滑空します。
彼は30年ぶりに戻ってきましたが、
そして私たちの心は絶え間ない歓声で満たされました。
年を重ねるごとに不安になるのですが、
彼は生きていますか？彼は戻ってきますか？
私は彼の忠実さに驚嘆します、
そして彼が感謝の気持ちをどのように示しているか。
私たちもとても感謝していますし、とても気に入っています
私たちの深くて永続的な絆。
ペドロは私たちに無限の喜びをもたらしてくれました。
彼は神の贈り物であり、私たちのかけがえのない宝物です。

海と私

手足に太陽光線を当てて遊んでいます。
周りの魚の群れが泳ぐ中。
海藻を手に掴む
そしてそれを孤独な鎖に連れて行きます。
その美しさを空と共有します。
それでも、私たち、海、そして私は一人です。

周りは海と砂浜だけ、
そして険しい山々、島々、大地。
家も小屋も居場所が見つからず、
私たちの手つかずの楽園で。
ところどころ飛行機が飛んでいきます。
それでも、私たち、海、そして私は一人です。

浅い海岸の砂をスキャンし、
流木や貝殻などを探してみましょう。
刻々と変わる潮流を見つめながら、
太陽は高い丘の後ろに隠れます。
星が空を埋め尽くします。
それでも、私たち、海、そして私は一人です。

ああ、私はよく理解しています、
私たちは砂の上に歌を書きます。
それでも丘は響き渡り、目は見えるだろう、
私たちが作曲しているもの、あなたと私、
あなたのより大きなハーモニーに加わりましょう
永遠に歌うために、私と海。

セーリング

風が吹く。
巻き上げられた帆は落ち着きがない。

波が大きくなる。
舵さえも方向を求めます。

船長たちは行きます
大きな期待を胸に海へ。

荒れ狂うミシガン湖

激しい風が猛烈な勢いで波を巻き上げます。
湖の泡が激怒して反応する。
波が岸を踏みつけて埋めていく
それは液体負荷の下にあります。それから急いでください
轟く雷鳴の中を行ったり来たり、
それでも、彼らは春の驚異を生み出します
空に虹色に描かれた間欠泉。

雨の多い11月の日

裸の木々が悲しみのあまり枝を垂れる
そして葉一枚一枚の喪失を嘆く。
涙が大空を転がり落ち、
鳥たちは静かに嘆きの歌を歌います。

冬の風

冬の風
裸の撮影の間でため息
槍のように孤独だ。
ルーツデザインながら
開花する驚異
不毛の枝のために。

野生の気性

テンションが上がります！
煙が空気中に充満します。
突然、火山が爆発し、
そして激しい噴火を示します。
山の流れを下って
火と溶岩が輝き、
大規模な破壊を引き起こします。

アローン・バイ・ザ・シー

私は一人で行きました
丘の向こう側
孤独を見つけるために
そして海で涼む。
私は波間に長く留まった
そして風に髪を撫でてもらいましょう。
太陽の光が私の肌にキスをしました。
そっと目を閉じたのですが、
そしてあなたのことを夢見ました。
あなたは私の太陽だから、
風と海。

山

立ち止まってその理由を考えたことはありますか
神は非常に大きくて高い山々を創造されました。

雪を頂いた山頂を見たことがありますか
弱いと感じたときに強化されずに？

神は私たちの目を天に向けたいと願っておられます。
そして私たちをこの地球の悩みから解放してください。

神の素晴らしさ

説明してもいいでしょうか
最も雄弁な言葉で
神の創造の威厳、
触れさえしないだろう
彼の素晴らしさの最も小さな断片。

雲の中の美しさ

濃い灰色のシュラウドの上で
雲の中にはたくさんの美しさが隠されています。

下から見ると暗く見えますが、
彼らの頂上はいつも輝いています。

宇宙から雲の中に見えます
宇宙の夜明け。

朝になると彼らは太陽の光を見て赤面する
そして暖かい日差しを浴びてください。

彼らは不毛の地に新たな命を吹き込み、
そして農夫の苦労で疲れた手を冷やします。

家事が完了すると、下の球体で、
彼らは髪に虹を編み込んでいます。

そして、清らかな風とともに過ぎてください。
移り変わる彼らの輝きに終わりはありません。

悲しみの雲が重く垂れ込めていても、
それが明日を超えて続くことはほとんどありません。

闇のベールが解けた後、
彼らは私に神の貴重な賜物を明らかにします。

ストリーム

裸の岩の間の丘の上
2つのストリームが別々のパスを開始します。

時々、彼らの水は湖に合流します。
保持して共有するのに十分な長さ

空と大地の美しさ。
そして彼らはそれぞれの道を歩み、

浄化され、再び喜びで豊かになり、
人生で求められることをやっているのです。

いつか彼らが最終目標を達成するまで
そして、他のすべての流れとともに海に加わります。

夜明け

夜が夜明けに挨拶するように
空にはかすかに山の輪郭が浮かび上がり、
そして雲はその紫の色合いを反映しています。
波打つペリカンリボン

海面の上。
カモメが夜明けを迎え、
空には金切り声と寂しい叫び声が響く。
安全な港から

エビ船が海へ出ていきます。
輝く地平線を背景に
島のシルエットが暗くなります。
断崖の向こうで太陽が昇る、

湾全体に光を投げかけます。
光り輝く夜明けの魔法
新しい春の日を産む
美しい五月に。

ペリカンショー

ペリカンズはショーを披露した。
彼らは一斉に調査に飛んだ
動く海面。
それから一人一人が自分自身を推進し、
水に飛び込む前に。
くちばしをくわえた魚がご褒美です
彼らはうねる波に乗りました。
漁船が彼らの前を横切ったとき
彼らは上昇気流に乗って島を一周した。
飛行中に太陽光線をカットします。
彼らの翼は朝の光を反射しました。
日が進み、鳥たちも進みました。

霧

濃い霧が山も海も陸地も覆い、
送られる太陽光線を抑えようとします。

しかしすぐに、太陽がその栄光を現し、
そして急いで霧を払拭する。

露のしずくが溶けて 風に乗って上昇し、
次に、空気とほこりの多い植物を浄化します。

私の艱難も同様であり、
それは私の魂の浄化に役立ちます。

そうすれば神の無限の美しさを見ることができるでしょう
そして彼の愛と優しい慈悲を味わってください。

埃や霧を残して、
そして純粋さと高貴さを心に留めておいてください。

朝露

夏の夜は予想外に涼しくなりました！
夜が明けると、草の葉に露が垂れました。
太陽の光が透明な真珠に届いた瞬間、
それらはキラキラと輝き、あらゆる虹色を反射しました。
そして何百万もの小さな水滴を生み出し、
誰が太陽の光に乗って青空に昇り、灰色の濃い雲の中で仲間に会うために。

静かなひととき

ああ、私はその静かな時間がなんとも好きなのです！
太陽光線が瞬いたり跳ねたりするのを眺めている
海の波の上で。
そよ風の音が聞こえます
熱帯の木々をかき分けます。
ブーゲンビリアの枝を見つめる
ゴツゴツとした石垣の登りです。

ああ、私はその静かな時間がなんとも好きなのです！
賛美の歌を聴きますが、
フィンチが私のために作曲してくれました。
ハチドリを垣間見ることができます
飛行中にふざけて戦う。
花にしがみついているコウライウグイス
オレンジ色のチューリップの木。

こんな静かな時間に
まるで時間が止まっているような気がします。
心は感謝の気持ちでいっぱいです。
この地球のすべての美しさのために。
ああ、神様、私が内心穏やかになったら、
あなたが私にそっと話しかけるのが聞こえます
私の魂に響き、高揚する言葉で。

海に沈む夕日

夕暮れになると、太陽はその放射光を引っ込めます。
彼女はゆっくりと落ち着きのない海に浸っていきます。
暗く人気のない海岸を背に、彼女は去っていく。
そして砕ける波の上に色付きの蒸気。

月の入り、日の出

月の入り、日の出
新しい日を迎えます
鐘が鳴り、鳥が歌います。
私は喜んで目覚めます。

月の入り、日の出
白い雲の色
そして夢の丘。
湖の水蒸気が立ち上る。

月の入り、日の出
別の日
私たちの悩みや喜びを気遣い、分かち合うこと。

月の入り、日の出
チャンスをください
平和を広めるために
そして地球上の善意。
雨のモノローグ

雨のモノローグ

火の玉が私を球体から引きずり出しました。
小川に乗って、私は乾いた大地に降り立った
地殻を冷やし、蒸し暑い空気を浄化します。
私は海、川、湖を埋めました。

私の指が最初の生命体に触れた
ため息の海の奥、そして空へ。
私の銀の糸があちこちの森を織り交ぜ、
そして髪に鮮やかな花を散りばめました。

私は谷と肥沃な野原を飾ります。
そして、川を駆けて母なる海へ戻ります。
太陽の光が、絶え間なく吹く風とともに私を高めてくれる。
私たちは見つけたそれぞれのタスクを実行するために一緒に舞い上がります。

雷鳴と稲妻が私の到着を告げます。
出発すると空に虹がかかっていました。
私は怒りに支配され、野蛮なスコールとともに踊ります。
それでも、痛む手と心を元気づけ、慰めてください。

雨天時のお願い

くすんだ茶色の丘が頂上を持ち上げる
そして空に雨を乞いなさい。

妊娠した雲は彼らの嘆願に従い、
そして彼らの空いた岩山を埋めてください。

お祭り気分の山服
鮮やかなグリーンのレース付き。

そして、生まれたばかりの命を祝います
感謝と喜びを込めて。

日の出

彼女の雄大な中に太陽が昇りつつあり、
暗く陰鬱な夜から抜け出して、
地球と、とても優しいキスで
すべての創造物を目覚めさせます。そして光
土地の美しさを際立たせ、
神は巧みな手で造られました。

美のバラ

たった一輪のバラに、なんと美しい詩があることでしょう。
彼女は花の女王が成長するにつれてその義務を果たします。

窓から見る

夜明けに、私はキッチンの窓から外を眺めています。
そこで彼らは敷居に一列に並んで座っています
私の小さな乞食たちよ、私が投げるのを待っている
雪の中の種とおいしいひとくち。

一時停止

ちょっとだけ立ち止まります、親愛なる、
疲れた体を休めるために
あらゆる面倒な家事から、
だから元気を出して新しく始めようかな
私の作品。ベストを尽くすのが好きです
そして後悔することなく毎日を終えてください。

秋

風向きが変わってきています。
落ち葉が漂っています。
鳥が南に飛んでいます。

黄金の輝き
秋はレンダリングされます。
果物が木から落ちます。

一年で一番好きな時期

私は冬、春、夏の応援が好きです。
でも秋は一年で一番好きな季節なので、
日中は暖かく、夜は寒くなるとき。
そして茎は金の野原でざわめきます。
彼らの刃は優雅に死んで曲がります
最後まで穏やかな動きで。

雪の結晶へのオード

雪の結晶が優しく覆う
広大で不毛の地。

雪の結晶はどこから来たのですか
それが私の手に落ちた？

悲しみの涙だったのか、
それとも嬉し涙？

明日はどこにいますか？
あなたの旅はどこで終わりますか？

霧

霧
あいまいにする
そしてその日の美しさを鈍らせます。

影
出発します。
やがて霧が立ち去ります。

太陽
輝きます
また輝く一日を創りましょう。

疑問
落ち込む
そして人生の喜びを奪い去ります。

でも愛
そして忍耐
幻の霧を焼き払ってください。

平和
そして嬉しさ
また泊まりに戻ります。

海の星たち

太陽がたくさんの星を散らした
海の波の上で。

儚い美しさが輝いた
私が見るのに十分な長さです。

素晴らしい一日

闇が光を生むとき、
そして目覚めた創造物に優しくキスをし、
早起きした鳥が羽ばたく

そしてツイッターの崇拝の歌。
私は心を神に上げて祈ります
そしてこの素晴らしい一日を神に感謝します。

夕方

静かに夕方が来た
まるで金色のマントを着た魔術師のよう。
彼は地球の炎を取り除き、
そしてきらめく蒸気が岩の上に立ち上った。

人生の道

私たちの人生の道は決して平坦なものではありません。
カーブや浮き沈みがあります。
陰鬱さがどのように成長するかは重要ではない
悲しみがさまよう谷。

神が私たちの伴侶であるとき、
私たちは必ず山頂に到着します。
彼の神聖な支配において、
神の愛は常に私たちを高めてくれます。

暴風

風は荒れ狂う海のように満ちたり引いたり、
その後、猛烈な嵐に成長します。
木々を揺さぶる
行ったり来たり。
分別のある
不毛な枝をすべて倒してください。
弱い屋根が牧場から剥がれ落ちます。

先へ進み続けてください

どんどん先へ進んでいくので、
もし私が荒れ狂う海に巻き込まれたら、
そして波が私の揺れる船を飲み込んでしまうようです。
海からは立ち止まることも逃げることもできない
私は風に向かって船を操縦しなければなりません、
そして先に進み続けてください。
嵐と恐怖を克服するまで
そして桟橋に安全に停泊します。

海岸の朝霧

遠くの断崖
蒸気シュラウドに包まれていた。
すぐ近くの岩
まだ私の視界から消えていませんでした。

鳥たちは隠れた島を探しました。
彼らの歌も叫びも聞こえなかった
漁師のモーターもありません。
彼らは今朝は海に行く勇気がありませんでした。

そしてついに、
地平線が明るくなりました。
光の円盤
東のほうが高くなりました。

霧の中、光のビーコンが突き刺さり、
そして湾を越えて帯を広げました。
濃霧でも太陽を止めることはできなかった
私の憂鬱な一日を明るくすることから。

蒸気は消えました。
見慣れた環境が現れました。
霧が雲に変わり、
そしてアーチ型の空に昇りました。

炎の中の歌

「主よ、なぜあなたは私に試練と悲しみを与えられるのですか？
そして、暗闇が私の楽しい心を曇らせてしまうのですか？」

「じっとしていて、我が子よ、明日のことを心配しないでください。
慰めを送ります。あなたから私は離れません。

じっとしていてください。甘くてメロディックな曲が聞こえるでしょう
燃えている木から火が出る。
かつては生きた木でした。正午
太陽の光が柔らかい葉を照らし、輝いていました。

鳥たちは夜明けと夕暮れに楽しそうにさえずりました
彼の青々とした枝に彼らの喜びの優しい音が響きわたります。
彼は年を重ねるにつれて、芽生えた使命を果たした。
彼は彼らの甘いリズムを指輪に封印した。

今、燃え盛る炎の舌が解き放たれる
閉じ込められた歌、忘れられたメロディー。」

「ああ主よ、あなたは私を逆境を通して導いてくださいました。
そうすれば私は火の中であなたに向かって歌を歌うことができます。」

夕焼けの虹

太陽が丘と雲の後ろに沈み、
そして、シュラウドに2つの虹のアーチを描きます。
彼女が海の上に敷く色とりどりの帯。
鳥は潜水中にスプレーで塗装された光線を破壊します。
ヨットが色とりどりの光のリボンを切る
光沢のある表面の上を滑るように。
刻々と変化する雲の色合いを眺めている
紫、ピンク、次にオレンジ、赤、金に変わります。

私の雲はメーカーのイメージと光を反映しています。
私も喜びの虹を作ります。
彼らは神と世界の兄弟たちへの架け橋です。
だから私は人生の深さと美しさを他の人と共有することが
できます。

日の出の雷雨

夜明けの空気は蜂蜜のように重かった。
太陽光線は透過できませんでした
ベタベタした雰囲気が、
千本の炎の剣まで
妊娠した雲を切り裂いた。
激しい雨
乾燥した土地に湧き出ています。
拍手が鳴り響きました。

灰以外何もない

何てことだ！
私の周りには灰しかない？
時間が経ち、
雨が降った。
花が咲きました
2本の樫の木の下。
彼らは火事から生き残った
暑さを避けるために
そして花を嵐から守ります。

花が成長しました
日々がより大切になります。
そして他の植物も
気づきましたか

そして謙虚にお辞儀をした
感心して
樫の木と花に、
誰の絆と喜び
時間ごとに繁栄します。

“どうしたの？” 私は尋ねた。
「灰はどこへ行ったのか、
それが私の周りにあったのですか？」
苦労して混ぜた
土が入った遺骨
そして愛を加えました。
すると、上から神様が
二人を祝福した
そして彼らを繁栄させ、成長させました。

風の歌

今日は、風が心地よく吹いています。
彼は木の枝にそっと触れます
彼の壮大な森のハープの弦は誰ですか。
彼は楽しいメロディーを歌い、演奏します。
谷や丘の松の間。

彼は怒っているとき、その怒りを解放します。
彼はあらゆる森の紐をむしったり、引っ張ったりする
咆哮と雷鳴を急いで放つ。
震えて揺れる。弱い手足は曲がったり折れたりします。
地面さえも彼の野蛮な力を感じることができます。

彼がその強大な力を発揮した後、
彼は素晴らしいメロディーを優しく歌います、
恋人たちの楽しい心を揺さぶる
至福と永続する幸福を夢見る人。
彼らは風に心の願いを叶えてくれるように懇願します。

風とともに踊る

今日も風が楽しい音色を奏でます
夜明けに海鳥が集まり踊ります。
まずは10匹のペリカンがステージに登場してスタート
それぞれの翼が波の上でうねるように。

崖の上をカモメが単独で飛んでいる
ハゲワシの群れが流れに乗って滑空する間。
2本のシザーテールが空気を突き抜けて曲がる
そして、笛吹き風の調べに耳を傾けてください。

切れた雲をすり抜ける陽光
そして岩に打ち寄せる泡立つ波が拍手を送ります。
ヤシの木がお辞儀をしてうやうやしく揺れる
今日も風に吹かれて踊る鳥たちを眺めながら。

愛

愛は歌です

愛は決して終わる必要のない歌です。
とても甘いメロディーを貸してくれます。

新婚夫婦だけの美しい愛は
より壮大な愛の段階へのプロローグ。

何年もの喜びと悲しみを分かち合った後
彼らの愛はさらに深まります。じゃあ、明日

神の無限の愛を神聖に反映し、
そして無私であり、与え、崇高であれ。

彼らの心にはメロディーが溢れ出すだろう、
ここで永遠に続く。

愛は決して終わる必要のない歌です。
とても甘いメロディーを貸してくれます。

神の愛の歌

勝利の歌が舞い上がる
毎日の空気を通して。
古代の木々が歌う
人生と永遠の。
太陽の光がゆっくりと降り注ぐ
動く枝を通って
そして飢えた心を揺さぶる
心地よいメロディーとともに。それからずぶぬれ
神の愛のある精神。
私の想いは信仰の翼に乗って飛び立つ
天の父なる神へ
私の魂を喜びと平安で満たしてくれる人。

私たちの母の愛

あなたは子供たち一人一人に「愛しています」と言うことがほとんどありませんでした。
どうして唇を塞がれたんだろう？
それでも、あなたは毎日、私たちのために新たに祈ってくださいました。
あなたは、自分が知っているあらゆる方法で一日中苦労しました。

しかし、何よりもあなたは私たちに善悪を教えてくれました。
生涯続く健全な基盤。
あなたは私たちを危険、飢え、痛みから守ってくれました。
あなたの唇は決して不平を言いませんでした。

何年もの間、あなたは一人で自分の子孫を育ててきましたが、
それでも時間を見つけては近所の手伝いをしました。
あなたは規律と注意をもってねぐらを治めましたが、大きな絶望の中で信仰を失うことはありませんでした。

あなたが行動で示してくれたことを私たちは皆祝福しました、
私たちの日常のニーズをすべて満たすことで、あなたの愛を。
あなたとの思い出はいつまでも残り続けるでしょう、
天国で一人ずつ会えるまで。

最初のミーティング

その日はいつもと同じように始まりました
それでもそれは争いの中で持ちこたえた
私の人生を変える貴重な秘密:
途中で将来の伴侶に出会うことで

研究室に降りていきます。
彼はフレンドリーな挨拶で立ち止まり、
そして、会議に火をつけた視線
ハートのラブストーリーが始まります。

心の中の歌

私は心の中で歌を歌って毎日を迎えます。
あなたに喜びと幸福が伝わりますように。

私は太陽に向かって歌います。彼女は私を遊びに誘ってくれます。
私は月に向かって歌いましょう、彼が私の道を照らしてくれるからです。

鳥たちに、風に、海に向かって歌おう。
そしてあなたへ、私の愛のメロディー。

私は心の中で歌を歌って毎日を迎えます。
あなたに喜びと幸福が伝わりますように。

愛のゆりかご

僕らの心はゆりかごになった
私たちの生まれたばかりのベイビーの
「愛」と呼ばれる。

愛のメロディー

私たちの魂は抱き合いました。
私たちの心は愛のメロディーを奏でました。
そして私たちの鼓動を通して反響した
急速な炎のラプソディー。

愛の渇望

新しい日が生まれるたびに、
私の心はただそこにいることを望んでいた
大切な瞬間をあなたのそばに、

あなたの輝く瞳を見つめるために、
そして、あなたが私の耳元でささやくのを聞いてくださ
い、
「愛してるよ！」という優しい表情。

花束

ただの花束
あなたが選んで私に持ってきてくれました。
あなたの思いの中で私を愛し、
私があなたと一緒にいない間に。

旅行で離れて

真夜中の時間が過ぎた。
あなたは何千マイルも離れたところにいる
空に浮かんだ
天の川を越えて。

飛行機のドローン操縦
雰囲気を壊す。
ケアや痛みから解放される
あなたは遠い土地に飛んでいきます。

私の考えはあなたと一緒に飛んでいきます
星空の向こうに、
そしてどこへでも旅行しましょう
無事に帰ってくるまで

ああ、ダーリン、あなたがいなくて寂しいです

ああ、ダーリン、あなたがいなくて寂しいです、
あなたが去ってしまったとき。
私はあなたを愛しています、そして私はあなたを必要としています、
毎瞬間、夜も昼も。

ああ、ダーリン、あなたがいなくて寂しいです、
遠くへ飛んでいくとき。
私はあなたの抱擁を切望しています、
あなたの愛ある言葉とキス。

ああ、ダーリン、あなたがいなくて寂しいです、
遠くにいるとき。
落ち着かずに祈りながら待ちます、
「ダーリン、今日は急いで家に帰りなさい。」

あなたは私の夢を叶えてくれました

たくさんの夢を叶えてくれたので、
初めてお会いしたとき、
私の中に愛の火花が燃え上がり、
聖なる火が広がり成長したのは
こうして変容していく、私の存在そのものが、
愛のエクスタシーを味わうことで。

あなたは私が望んでいた以上のものを私に与えてくれました、
あなたは私のために素敵な家を買ってくれました、
世界のエキサイティングな場所を見せてくれた、
あなたが大切にし、インスピレーションを与えてくれた音楽とアート
私は絵を描いたり、詩を書いたりします。
私たちは人生を重要な芸術作品とみなしました。

私にとって最も貴重な贈り物:
あなたの愛はそれほど自由に表現されていますか？
愛がなければ人生はその熱意を失うだろう
それは単調で退屈なものになってしまうだろう。
私は常に感謝し続けます、
その愛が私たちを豊かに祝福してくれました。

10年前

昨日のことのようです、親愛なる皆さん、
あなたはその誓いを果たしました、
そして私をあなたの妻だと思ったのです
私を一生愛して大切にしてください。

私たちは田舎の家を構え、
町からはかなり遠い。
私たちは木や茂みを植えました、
そして課題が終わったら休みました。

私たちは多くの国を旅行しましたが、
オーストラリア、ニュージーランド、アジア、ハワイ。
思い出が詰まった私たちの人生、
私たちはいつもあなたと私だけを大切にします。

私たちはたくさんの喜びを分かち合いましたが、同時に悲しみも分かち合いました
あっという間に過ぎた何年もの間。
私たちは明日を望み、祈ります。
私たちはいつも同じように豊かに祝福されます。

湖の夜の散歩

疲れた太陽が金色に染まりました。
空の詩である星は、
天を飾り、銀色の光を広げます。
冷たくて穏やかな波の上。月
きらめきとカモメが飛びます。彼らの鋭い叫び声
静かな夜の静寂を打ち破る。
風がそよぎ、沈黙が語ります。
私たちが感じるものと調和する和音、
私たちの内側に触れられ、私たちの心は応えます。

愛してます

愛してます！

なんて素晴らしい秘密なんだろう
この3つが当てはまりますか？

何という魔法が語られるのでしょう、
それらは展開されますか？

一番甘いです
これまでに語られた物語。

あなたは出発しました

あなたは別れも告げずに去っていきました、
そして私の傷ついた心を残してため息をつきました：
「どうして、どうして行ってしまったのですか？
今日はどこへご旅行ですか？」

電話が鳴るたびに、
あなたの声を聞きたかったです。
郵便配達員が手紙を持ってきてくれるといいのですが、
痛む心を喜ばせるために。

ボート遊びに行く

晴れた夏の日でしたが、
ボート遊びに行くのにちょうどいいです。
波が私たちを連れ去ろうとした、
そしてすぐに出発しました。

円が地平線を描き、
恋人同士のハートを巡って、
至福の調和で鼓動する
水と風と太陽とともに。

私たちはとてもたくさんのことについて話しました。
そしてまた、沈黙が支配します。
初めてのキス、熱烈な抱擁
深い愛の感情が表現されました。

田舎を散歩

私たちは田園地帯を散歩しているのですが、
ある日曜日の早朝
緑のなだらかな草原の上。

道端にはスミレが咲いています。
キンポウゲが飾ってあります
雲の影が点在するフィールド。

風が枝の間をかすめていきます。
木々の中で鳥がさえずる、
空腹の馬は牧場の近くで草を食べます。
恋に魅せられて、
春の自然の美しさ、
私たちは手をつないで幸せに歩いています。

心が重いです

心が重いです
あなたが悲しんでいるのを見るために。

幸せにはなれないよ、
喜んでいただけるまで。

恋に落ちる

私の手は手探りで仕事をしている
心臓の鼓動が早くなり、
私の魂が捉えようとしている間
愛する人の顔のイメージ。

反省と人生

することまたは存在すること

人生はやるべきことで溢れています。
仕事の計画を立ててから、休憩してから出発します。
キャリアを築き、社会的地位を築き、
名声を獲得し、財産を獲得します。

それでも、立ち止まって考えて考えてみると、
人生にはもっと何かがあるはずだ、と私は思う。
神は人間を存在のために創造した
仕事や何かをするためだけではありません。

私の人生で大切なことは、
労苦と終わりのない争いを乗り越えて築き上げる
高貴な性格、心
他者に仕えることは、神の役割を果たすことです。

人生はただあるべきものではない
タスクのリスト (無料を選択)
神の御心を行うには、従って祈りなさい
そして毎日神のより良い子供になってください。

新たな傑作

主よ、この真新しい日はあなたからの贈り物です
塗りつぶされる空のキャンバスのようなもの
崇高な思想と善良な活動をもって
あなたを喜ばせ、他の人を助けます。

私の忍耐、優しさ、思慮深さを受け止めてください、
私のアートにさらに深みと明るさを加えるには
あちこちに悲しみの影を散らす
調和のとれた絵を創り出す。

そして、愛と喜びの温かい光を広げます
絵に個性と温かみを与えるため。
神よ、あなたの聖霊をその上に注いでください
したがって、虹色に輝くかもしれません。

感謝の気持ちを込めてキャンバスを額装し、
あなたと他の人たちを喜ばせるために。
主よ、毎日私を助けてください、
あなたのための傑作を作成するために。

成熟とは何か

それは確かに神聖で崇高な目標ですが、
成熟し、常に純粋であり続けること。
成熟とは、知識や年月を獲得するだけではありません。
それは人が何を考え、何を行い、何を聞くかを選択することです。
いつ聞くべきか、いつ話すべきかを知っています。
強い人、優しい人、弱い人を尊重します。
新たに罪を犯した人を赦し、
そして、期限が来たら「ごめんなさい」と言いました。
約束と約束を守るとき、
信頼と名誉が私の報酬になります。
やり始めた仕事を終わらせるために、
たとえ追求するのが犠牲であっても。
私は自分の物や時間を賢く活用し、
崇高な神の言葉を信頼し、従いましょう。
神は私に正しくて最善のものを選ぶ方法を教えてくれます。
したがって、私も他の人々も豊かに祝福されるでしょう。
神を、私自身を、兄弟たちを愛することによって
私は他の人に神の恵みを示します。
それは確かに神聖で崇高な目標ですが、
成熟し、常に純粋であり続けること。

音楽を聴く

日々の業務をこなしながら、
私は音楽を聴きます。大切にしています。
心が元気になります。尋ねることができなかった
より大きな喜びのために。

作曲家の表現力の高さ
甘いメロディーに喜びを。
人生の悲しみは抑圧されない
感動的な交響曲を書くことによって。

音楽、魂の言語、
あなたは私を楽しい散歩に連れて行ってくれます、
エキゾチックな場所へ。私たちは旅行します、
美しさと喜びが魅了する場所。

本

こんなに素晴らしい宝物が与えられているのに、
私たちにとって、良い本を読むのです。
 彼らは刺激し啓発する
私たちの想像力と心。
聖なる信条を私たちに明らかにしてください。
時々、私たちは見つけます
エイリアンの明日のビジョン、
この世の悲しみを垣間見る
そして私たちが恐れるすべての醜さ。
私たちは偉大な作家から学びます
空想や物語を共有する人たち。
そして私たちをしばしば不安にさせ、
彼らの世界を垣間見ることができます。

詩を書く

私はダンテでも、ゲーテでも、シェイクスピアでもありません。
でも私は独創的で自由です
そして謙虚に、あえて言います
詩を書くこと。
人生は物語を刻む
それぞれの人間の心の中に。
私が書き留めた詩
ほんの微細な部分ですが、
私のクリエイティブなマインドを反映して、
それでインスピレーションが得られるかもしれません。

友情

友情は、動く潮流などのようなものです。
賑やかな岸辺からはまだ遠ざかっているが、
海の恵みを持って戻ってきて、分かち合いましょう。

賞賛

賛美は霊にとって太陽の光です。
それがなければ花は咲きません。

批判は壊滅的な風だ
それは人間の心を萎縮させます。

約束

私たちは楽な生活を約束されているわけではありません。
しかし、ハードな努力に耐える強さと快適さ。

人生の熱意

主なるキリストが私の謙虚な心の中に住んでおられるとき、
彼は空いた部屋を熱意で満たします。
だから他の人たちに、私は広めたり、伝えたりするかもしれない
熱狂、愛の輝く琥珀色。
私は人生を自分の目だけで見ているわけではありません。
私はそれを心、心、魂で見ています。
神がなさった数々の奇跡が目に見えていますが、
そしてそれらすべての創造主を崇拝してください。
時にはトラブルが起こることもありますが、
それでも笑顔でその日を迎えます
感謝の気持ちを持って終焉を待ちましょう。
暗闇と運命の。私は働き、祈ります、
その喜びと人生の熱意は持続するようになり、
だから私は他の人の憂鬱な日々を明るくすることができます。
私は神の喜びの証人になりたいのですが、
そして彼の愛情深い感想文。

私は一人で歩く

私は一人で歩きます！
そして沈黙が語る
薄暗い秋の夜に。

月が消えてしまいましたが、
頂点に立つ星は一つもない
灰色の果てしない雲の中。

重い心は足を遅くする、
私の目は地面を向いています。
私の悩める魂はため息をつきます、

「慰めてください！慰めてください！
主よ、私の同伴者であってください、
そして私は一人では歩きません！」

信仰か恐怖

信仰か恐れか、
そしておそらくではなく、
自分の考えや行動を導き、
良くも悪くも報いがある
私の賢明な決断か間違った決断について。

友達

友達は黄金の太陽のようなものです。
彼らは私たちの日々を明るくし、
愛と優しさを示すことで
いろいろな意味で。

物事に焦点を合わせる

すべてに焦点が合えば、
人生は調和して満ち引きします。

私が言った優しい言葉一つ一つが、
私が行った利己的な行為は、

持ち上がって壊れていない、
他人の心と魂。

夢を紡ぐ

手が休まらないし、
回るまで
それぞれの崇高な夢
崇高な行為に。

神の楽器

ああ主よ、あなたは大空の支配者です
あなたがけに感謝します、
私があなたの道具になれることを
あなたの御意志は誰を通して行われますか。

神の言葉は真実です

あなたにとって不可能なことは何もありません、
私たちが信じ、信頼し、従えば。

神の言葉は真実であり証拠です。
人間の計画の歴史を明らかにする。
神は私たちに服従し信頼するように命じました。
主を信じて、過去のことは忘れてください。
神は独り子を犠牲にして救った
罪人の魂。彼らに彼は与えました
信仰だけによって生きるための戒め、
そして神とその愛する御子を礼拝してください。
神はこの地上で私たちを導き、愛してくださっています。
彼は私たちを楽園で統治させてくれるでしょう。
私たちが自分の命を神に委ねるとき、
私たちは彼の素晴らしさのほんの一部を理解しました。
神は私たちに試練の勝利を与えてくださった
そして私たちの謙虚な心を愛と笑顔で満たしました。
私たちは言葉と無私の行為を通して神を敬います
そして人々のニーズに応えるために最善を尽くします。

あなたにとって不可能なことは何もありません、
私たちが信じ、信頼し、従えば。

赤ちゃんへの贈り物

すべての赤ちゃんは天から次のものをもたらします。
楽園からの美しさのかけらを母に。
そして父親には賢明にも次のように与えられました。
驚きと可能性の断片。
赤ちゃんは両親の愛の中で成長し、
そして日に日に大切になっていきます
神の正しい方法で育てられたとき。

孫のためにゆりかごを作る

私は板でゆりかごを作っています、そして大好きです
私の孫へ、天からの神からの贈り物、
昨日の儚い想いも
輝かしい現実となるでしょう。

孫になるのかな
大きな運命を背負っていますが、楽しみでいっぱいです。
それとも孫娘に恵まれるか、
愛と笑いで私の心を温めてくれるのは誰?

神が地上で偉大な行いをする必要があるとき、
彼は赤ん坊を質素な囲炉裏に送ります。
神が私のこの孫を祝福してくださいますように。
したがって、それは神の愛によって導かれるでしょう。

父親へのトリビュート

父親たちは私の大きな尊敬に値します。
彼らのエネルギー、愛、献身
私たちの世界を動かしましょう。
父親は法と秩序を守ります。

彼らの勇気が国を築き、
大都市、橋、大学。
彼らの知恵と主要な知識
子どもたちに良い教育を与えてください

母親へのトリビュート

特別な敬意を表します
献身的で愛情深いお母さんたちへ
善の種を植える人は

子どもたちの心の中に祈ってください、
それで後で彼らは成長し、成熟します
そして偉大な実を結びます。

母親は心であり根っこであり、
世界の基礎の。
母性の質
国家を作ることも壊すこともできます。

敬虔な女性

敬虔な女性は大切な宝物です
彼女は神と人々に豊かな喜びをもたらします。

彼女の静かな精神は神の目から見て貴重なものであり、
夫の愛を呼び起こし、喜びをもたらす

家族や友人へ。彼女の内面の美しさ
神の恵みとキリストの謙虚さを反映しています。

彼女の美徳は神のわざであり、
彼女の魂を神聖化する者は、それぞれの思考を方向づけます。

彼女はヘヴンズノートと調和するようにチューニングされている
そして、他者と神のために信仰によって生きます。

家

私は自分の家を出生地と呼ぶだけでなく、
まず両親が私を愛情深い腕に抱きしめてくれました。
数年が経った今、私は自分の家を地球と呼んでいます。
なぜなら、私は大陸、都市、農場を超えて成長したからです。

神様からの貴重な命の贈り物が私に与えられました
だから私は自然、地球、宇宙を共有することができます。
私は他人を思いやり、平和と調和の中で暮らしています
信条や人種を超えて、神様と、私と、そして人々と。

地球を残すという神の最後の呼びかけまで
そして私の魂と精神を解放するために肉から離れ、
そうすれば私は宇宙で永遠に生きられる、
終の住処、そして永遠の運命。

海上で共有する特別な瞬間

港を出てゆっくりとクルーズしました
ハワイ島一周。

太陽は黄金の光を取り戻し、
そして闇が海と島を覆った。

満月が昇って、上に投げかけた
落ち着きのない海は銀色のベール。

遠くから火の炎が現れた
高いところに、岸には蒸気雲が立ち込めています。

橋の上から一緒に眺めました。
タウンゼント船長のご家族と

炎が雲を照らし、
そしてその形を絶えず変化させ、

溶けたマグマが流れ出る中、
何マイルにもわたる硬化した溶岩脈を通って、

そして泡立つ海に飛び込み、
蒸気と炎の舌を放出します。

私たちは、落ち着きのない地球を畏怖の念を持って眺めました
彼女の強力な花火を見せてください。
船は進みました。私たちは置き去りにしました
素晴らしい景色が広がる島。

それでも思い出は一生残ります、
海で共有する特別な瞬間。

神はどこにでもいます

どこへ行っても、主よ、
あなたはそこで私に会います、
あなたの杖と言葉で私を守ってください、
神様、あなたはどこにでもいます。

人生の四季

春になると、私たちは肉体的な美しさに喜びを感じます。
夏には、私たちは義務を果たします。
私たちは秋に果物を収穫します。
冬になると、私たちは自分の魂を神のもとに引き上げます。

奇妙な仲間たち

体も心も
不思議な仲間たちです。

夜明けに身体が飛び跳ねる、
心はペースを維持できません。

正午になると二人は揃って歩き、
穏やかで、満足していて、まるで放心状態のよう。

夕方になると体は這い、
魂が溢れ出しながら。

そして観察する魂
コンソールに待機します。

上等のソーセージを作る

毎年、寒くて日が長くなると、
私たちの心の中では、温かい思い出が輝きます。
私たちは騒ぎも争いもなく集まります、
イタリアの伝統を守り続けるために。

フィルベルトは買い物や整理をし、
ピナ、私たちの味覚は食欲をそそります。
彼女の母親は多趣味です
それぞれの素材をちょうどよく詰め込むために、

アルド、エルサ、ヒルダが肉を切り、
ドミニクは粗くきちんとした根拠を示します。
トニーは各腸を裏返します。
アルバートとアダムは炭を熱く保ちます。

柔らかい豚肉のスライスを完璧に焼き上げます。
酢とスパイスを使ってGulioが作りました。
うーん！なんという香りでしょう！何という味でしょう！
急いでつると一緒にひとくちが流れ落ちます。

私たちは混ぜて詰め込み、結んで刺します。
次に、各ソーセージを棒に掛けます。
カラフルなザガレッツリが目印です。
そうすれば、正しい持ち主のお腹に届きます。

私たちは笑って、冗談を言い、おしゃべりして唱えます。
それでも、最後にはポーカーをプレイしてください。
そしてまたよろしくお願いします。
以前の甘い思い出が甦ります。

あなたは夜に喜びをもたらしました

夕日が丘を華麗に覆った
私は散歩に行き、近所の人に挨拶をしました。

足りないのは音楽だけだと思っていました。
そのとき、まるで魔法のように音が空気に響きました。

あなたはゆっくりと正しくオルガンを演奏しました、
そして素晴らしい夜に喜びをもたらしました。

ハエの死

ハエが私の机の上に近づいてきました。
彼女を迎えに行くことは簡単だったでしょう。

彼女を殺したいという誘惑は大きかった。
しかし、私はむしろ見守って待つべきだと思いました。

彼女には私と同じように生きる権利がある、
なぜハエからこの特権を奪う必要があるのでしょうか？

私は彼女が脇に移動し、ペースを落とすのを見ました。
しばらくすると、彼女はうつぶせに倒れてしまいました。

私は彼女にそっと触れ、少しだけ前に押し出しました。
驚いたことに、ハエは死んでいた。

ハエは彼女の命が終わりに近づいていることを知っていたのだろうか？
彼女は友人の近くで死にたかったのでしょうか？

シマリスの死

今朝外に出たのですが、
庭仕事を始めるにあたって、
シマリスが横たわっているのを見たとき
朽ちた樹皮の近く。

私は彼を抱き上げて連れて行きました
そして体を温めようと努めた。
彼はとても弱く、生気がなく、痩せていました。
彼には私の腕に登る力がありませんでした。

それから彼はそっと頭を置き、
そして一瞬のうちに、彼は死んでしまいました。
戦いも、生き残るための闘争も、
生から死への緩やかな移行。

ああ、神よ、死、私は逆らえません。
今日、あなたは私に死に方を教えてくれました。

永遠の創造

私は立ち止まって考えることを決してやめません。
神はどのようにして創造を続けるのか
毎日、新たな賢明な驚異が生まれます。
原子、星、宇宙
自分の運命に従うために生まれてきました。

彼は目に見えない微細なクォークを構造化します。
権力パターン化された勢力に、
地球上の生命が止まるほどの激しさ、
それでも神はあらゆる種に植え付けます
永続する生命力。

広大で遠い宇宙空間で
彼は宇宙の塵から星を形作ります。
太陽の誕生と死が起こる
同時に宇宙でも。

神は人間と分かち合うことを選ぶ
彼の計画を守り、実行するために。
神は私たちを導き、正しく導いてくださるでしょう。
私たちが彼の力を信頼し、従うならば。

決定

私たちは今日誰であり、どこにいるのか、
昨日私たちが下した決断のためです。
私たちの行動のすべてが積み重なって
キャラクターを形成し、運命を決定します。
神ご自身が私たちの心を照らしてくださいますように
私たちの謙虚な心に優しい愛を燃やしてください、
私たちの同胞を天国に導くために。
そして私たちに力が与えられますように
岩のように堅固な試練に立ち向かうには、
そして、灯台となり、構成要素となるのです。

古くて新しい方法

私は古いやり方に従うのが好きです。
それは私に安定感を与えます。

新しいやり方に変えるのが好きです。
それは私に柔軟性を与えてくれます。

心で考えたら
そして心で感じて、
私の行動
賢くて親切になります。

哀れみと喜び

ああ、都会の人たちはなんて可哀想なんだろう
高いコンクリートブロックの中に住んでいる人
星空を見たことがない人はいないでしょうか？
鳥の群れが飛んでいくのを眺めるのもいいでしょう。

外で過ごせる一瞬一瞬、
嬉しくてとても満足しています。
私は神の御業を見ます、
そして彼の素晴らしさに私は畏敬の念を抱きます。

私は海辺で夕日を眺めます。
それは私の心をクリアにし、私にインスピレーションを与えます。
地球の広さを感じますが、
宇宙の雄大さ。

毎日少しずつ美を注入
ネガティブな思考や感情を取り除きます。
自然は多くの恩恵を与えてくれますが、
そして私の精神を天に向かって高めます。

少しずつ

少しずつ鳥が巣を作ります。
レンガをレンガごとに積み上げて、壁は長持ちするように構築されます。
確かに、私たちは自分の人生と幸福を築きます。
忍耐と粘り強さによって、私たちは成功します。
価値のあることは一夜にして起こることはありませんが、
物事を正しく正しく行うには時間がかかります。

ゆっくり育む絆と友情
寿命を延ばし、豊かに繁栄します。
私たちの父なる神は、私たちが恵みの中で成長できるよう助けてくださいます
そして、神の愛に満ちたペースで私たちを賢明に導いてくださいます。
私たちの弱い信仰は少しずつ成長し、
救い主に直接会うまでは。

欲求不満

すべての人生は異なりますが、同じです
私たちがよく共有したり主張したりする経験。
心の痛みやフラストレーションが去来します。
私たちはなぜ、何をすべきなのかを問います。
傷ついたり、精神的な負担を感じたりするとき。
私たちは打ち砕かれるのでしょうか、それとも再び神のもとに引き上げられるのでしょうか？

私たちが神の憐れみを信頼し、従うなら
やがて神は完全な道を示されるでしょう。
彼は毎日私たちに内なる平和と強さを与えてくれます
見上げたら、しっかり立って祈りましょう。
神は私たちの傷を癒し、許し、信仰を回復し、
神は私たちに日々の愛と永遠の恵みを示してくださいます。

試練の中で神はご自身の偉大さを明らかにされますが、
そして私たちの強さと精神的な健康を更新します。
私たちは最善を尽くし、残りは神に委ねます。
そして神とともに歩むことで、私たちは祝福されます。
神は彼らに知恵と忍耐と喜びを与えます
自分自身ではなく神の御心が選んだ人です。

新千年紀の幕開け

新しい千年紀が幕を開ける。私の心は満たされています
希望、期待、興奮、驚きを持って。

あらゆる分野で大きな変化を目の当たりにし、
そしてフィクションは事実に変わります。それでも私はこう考えます。

「戦争と犯罪はいつ廃止されるのか、
そして親切で賢くなる術を学びませんか？」

変化や成長には痛みを伴うことも多いですが、
彼らは約束と祝福を隠し持っています。

私は新たな挑戦ごとに人生を歓迎します
そして絶え間ない変化に身を委ねてください。

騒がしい世界で知識を集めます。
静けさの中で、天の知恵が現れます。

人生が進むにつれ、私も成長していきます。私は神を信頼します、
私の心の中に未知の世界を開く人は、

そして私の執拗な真実の探求を鎮め、
変化の中で、神は私に平安と目的を見つけさせてくださいます。

自分の考え、言葉、行為のひとつひとつを整理すると
永遠の源があれば、私は成功します。
私は自分の中に植え付けた驚異を見つけるでしょう、
新しい千年紀に開花します。

あなたのような友達

ああ主よ、あなたのような友人がいないのに、
私の心と魂を新たにしてくれた人。
涙の海で溺れてしまうだろう
日々のストレス、悲しみ、恐怖から。

個人的な名言

悲しみが心の部屋を拡張し、
そうすれば、より多くの喜びを抱くことができるでしょう。

トゲドリの苦悩
甘くて楽しい曲を作ります。

自然の美しさ
嵐の後は明るく見えます。

バラの葉は砕かなければなりません、
繊細で甘い香りを解放します。

嵐の雲が通り過ぎる。
でも太陽と星の光
そして神の愛
残ってください。

正直の花

誠実の花、
あなたはとても珍しい人になりました！
あなたの運命は何ですか？
絶望するでしょうか？

あなたの耳はバカですか？
私の緊急のお願いに？
窒息し、しびれ、
私を解放してください!

待って、死なないで、
マスターと私
助けに飛んでください。
首を絞めるような嘘を突きつけてやる。

良心

敏感な良心
些細な間違いにも対応してくれるので、
まるで草の葉のようだ
それが優しい風に揺れる。

鈍い良心
それは間違ったことをすることで動かされるのではなく、
しっかりとした木の幹のようなもので、
かなり強い風でも曲がりません。

神を閉じ込める

神を閉じ込めようとする
フィットしようとしているようなもの
海の水
小さな池へ！

許し

私はよく自分自身に問いかけます。
隣人、妹、兄弟を許すために、
そして、傷ついたことも、侮辱したことも、嘘をついたことも覚えていない、
陰で陰険に言う人が、
誰が私を騙したり、この世の財産を奪ったりするのでしょうか？
悪意のある無礼な人々を許しますか？

神はこう言われます。「そうです、あなた自身とすべての人を赦してください。
愛する息子を許し、犠牲にしたとき、
あなたの為に死んだ人。彼は罪に対して最高の代価を支払った、
あなたを救うために、神は恵みによって血を流されました。」
許すというのは私の個人的な選択ですが、
私は神の神聖な声に従い、耳を傾けます。

裁きは神のみに属することを私は知っていますが、
そして悪行、間違いには復讐しないことを選択してください。

神は罪を憎みますが、犯罪者を愛します。
神に身を委ねるとき、私は神に敬意を表します。
許すとき、私は調和と平和の中で暮らします。
そして優しさ、愛、そしてキリスト教の信仰を実践してください。

言葉のない歌

毎日私は人生の喜びを祝います、
そして、日常的な争いから私の心を高めてください。
言葉も音もなく歌を歌います
それらは私の魂の旋律であり、天に召されています。

神は私が理解できる鍵で答えてくださいます。
神の平安と愛が私の上に降り注いでいるのを感じているか
らです。
彼の喜びは体、心、魂、感情を癒します
そして艱難の涙をぬぐい去ります。

彼の翼の陰で私は喜びを歌います、
主の愛と臨在を知るだけで、いつでも近くにあります。
大勢の中でも、一人でも歌えます
常に神と自然との調和を保つこと。

神の愛を表現する

思考、言葉、行為で表現しようとする
神の愛、それが他の人たちを慰め、祝福してくださいますように。

魂と創造物が響き渡るように
人生の喜び、神の恵みと栄光はとても偉大で、

ノスタルジックな旅

風が手のひらに柔らかなメロディーを奏でます。
闇が優しく大地を覆う。すぐ、
星と月が暗い大空を明るくします。
家や街路では、きらめく光が輝き、
懐かしい旅の魔法のように想いを飛ばす
故郷、昔、私の揺りかごがあった場所。

幼少期の思い出を懐かしく思い出します。
以前のように、ため息とともに空に日々が訪れるとき、
森の中を歩き回り、野原で花を摘みます。
私の屈託のない心は喜びと高揚感で満たされます。
カエルが鳴く。遠くの沼地をコウノトリが歩いています。
ひばりと楽しい歌を口笛で吹きます。

すぐに、怠惰な夏の日が長くなり、暖かくなります。
畑は熟したトウモロコシの海に変わります。
臆病な鹿は材木の中に隠れて子鹿の草を食べます。
川で釣りをしたり、近くの池で泳いだりしています。
気が付けば夏の夢は消え去ってしまった。
そして雁たちはすでにその向こうへ飛び立つために集まっている

日当たりの良い南にアルプス。雪の結晶が降ったり、
魔法と平和の冬のワンダーランドを作りましょう。
ハイホー！そりの鐘が鳴り響き、私たちは喜んで学校へ向かいます。
凍った池の上でスケートをしたり、ダウンヒルをスキーしたりします。
それからほうきを手に雪だるまを作り、
そして、私たちの親愛なる友人に雪玉を投げます。

夜、私たちはキャンドルの灯りのそばに座って話を聞きます
そして囲炉裏でパチパチと燃える火を眺めてください。
母は過ぎ去った日々と幽霊についての話をします。
彼らは私たちをとても震えさせ、震えさせます。
冬が過ぎました。やがて鳥たちが戻ってきて、スノーベルが咲き、
そして優雅な新郎のように春がやって来ます。

ああ、森と野原のそばの牧草地に建つ私のゆりかごの家よ、
あなたは私の子供時代の大切な楽園でした。
ホームシックになった私は、目を覚ます野の花にキスをするために涙を送ります。
私はあなたのために祈りとため息をささやきます。
私は月、宵の明星に憧れを送ります。
「どうか、遠く離れた愛しい故郷よ、よろしくお願いします。」

第二次世界大戰

東プロイセン

東プロイセン、私の愛する故郷、
あなたの膝の上に抱かれて、私のゆりかごは立っていた。
自然の美しさに魅了され、
私はそこで幼少期を過ごしました。
あなたの優しい手で私を導いてくださいました
森や野原を通って。
緑豊かな草原の端で
私は母のために花束を選びました。
暗くなる前に急いで家に帰りました。
近くの池で楽しく遊びました。
私にとって森は楽園のようなものでした。
ベリーを摘むのはなんて楽しいんだろう、
ナッツとキノコ
トウヒとブナの木の間。
今となっては単なる子供の頃の夢ですが、
その土地には見知らぬ人が住んでいるのですから、
700年に一度、
正直なプロイセン人と私の先祖
勤勉な仕事と知識によって構築されています
模範的な国。
私はよく尋ねます、私の愛する祖国、
なぜそのような悲劇的な運命に遭遇したのですか？

もう79年が経ちました
外国の力があなたを捕らえているからです。
そして憂鬱が今でも私の心を満たし、
祖国の喪失を思うとき。

東プロイセンからの脱出

私たちは1944年という年を書きました。
ドイツは第二次世界大戦に5年間従事しました。
オーストリア系の冷酷な独裁者、
ドイツでは11年間武力支配を行った。
それから私たちは東プロイセンのポーランドの隣に住んでいました。
ロシア国境からわずか60マイルしか離れていない。
丘、森、野原の間に私たちの屋敷が建っていました。
母親が一人で8人の子供を育てたところ、父親は喧嘩をしていた
東部戦線ですでに2週間。私たちが懸念していた通り、
戦場が近づくとロシア軍が攻撃を開始した。

8月3日深夜、使者がドアをノックした。
「緊急です！翌朝9時に村の広場に来てください！
時間を無駄にしないでください。戦いは厳しいようだ。ロシア人が来るよ。」
母親は叫びました。「子供たち、急いで！」起きる！出発します！

ジョージ、ワゴンを持ってきて！
オーツ麦も一緒に持っていきましょう。
エマは食べ物を詰めてください！
メタ、服を着ろ！
リチャードとエド
小屋に走って、
ガチョウに餌をあげて、
鶏と七面鳥！
ヒルダ、ドレス
小さなホルスト！」
マルタはどうですか？
「彼女は遠すぎて、連絡を取る時間も手段もありません。彼女が先生の家族と一緒に逃げてくれることを願っています。」
私たちは真夜中から明け方まで急いで荷造りし、ワゴンに積み込みました。
母親は3人の娘と4人の息子に最後の朝食を提供した
彼女が愛した家で、8人の子供たち全員がそこで生まれました。
それから彼女は、自分が大切にしているものをじっくり見つめました。悲しみに打ちひしがれて、
彼女は神に立ち返った。彼女の鬱積した別れの痛みを和らげるために。
彼女が再び自分の家に会えるかどうかは分からない
彼女の目は涙で満たされ、心は痛みで満たされました。ホルストの叫び声、
それらが溢れないようにして、彼女に出て行くように呼びました。

「エマ、手綱を取って！ヒルダ、馬車に乗って！

他の人たちは私たちが丘を越えるまで歩きます！さあ行こう！”
最年長のエマは馬たちに動き始めるように命令した。
私たちは運命が分からない旅に出ました。
忠犬のセンタがしばらく私たちの後を追ってきました。
私たちが丘の上で立ち止まると、エマは彼女を追いかけてきた
少しの間振り返って、もう一度別れを告げるために。
永遠に絆を切らなければならないかどうかも分からない
私たちは皆、故郷と生まれ故郷をとても大切に思っていました。
「子供たちよ、一時間以内に登ってください。村の広場まで行かなければなりません。」

馬車は牧草地や黄金色の小麦畑の中を走り続けました。
私たちは他の住民と会うためにウィザジニに立ち寄りました。
落ち着きのない馬たちが長い列を作って荷車を引っ張っていました。
そして終わりのない旅を続けました。　「西へ、旅は続きます！」
リーダーは「さあ、新しい命令に従うんだ！」と叫んだ。
私たちはプロイセン国境を突破したロシア軍から逃げなければなりませんでした。
急速にワゴン列車が動き始めた。
私たちは他の6家族に加わりました。私たちのセヴングループ
最後まで一緒にいました。最高齢の80歳、
生後9か月の赤ちゃんと一時帰休中の負傷兵2名。

7人の母親が24人の子供たちに食事を与え、衣服を着せ、

そして二人の兵士と二人の父親に守られている。
私たちは一日中運転し、正午に一時停止し、その後夜に停止しました。
私たちは納屋か家で寝ていましたが、その所有者は逃亡しました。
星がちりばめられた空の下、森の中でキャンプをすることもありました。
オオカミが遠吠えしました。老人たちはうめき声を上げた。子どもたちの叫び声
母親たちは一晩中ほとんど起きていました。しかし、我々は圧力をかけなければなりません。
食料の供給が減り、食事はさらに貧弱なものになった。
私たちは農場を見つけたので、そこで当然の休息をとることができました。
熟した果実が豊かに実る9月。

三姉妹は自分たちの乏しい物資を惜しみなく私たちに分け与えてくれました。
その代わりに、少年少女たちは避難所と食糧のために働きました。
病気になってしまった。私の股間全体に膿瘍ができました。
熱が上がり、命が脅かされました。薬はありません
あるいは医者が見つかるかも知れません。それで母は水で茹でた
最も鋭いナイフで切り、マンコの内容を解放します。
おできから膿が流れ出し、私の目からは痛みの涙が流れました。
私の弱い体は震えながら、何度も何度もピクピクと震えました。
この拷問の後、エマはズキズキする傷それぞれに包帯を巻きました。

私の体は熱で燃え上がり、悪寒で震え、そして気づいた

落ち着きのない昏迷状態を和らげ、眠りにつきます。毎日が落ちた
発熱。傷は治り、塞がりました。痛みは止まりました。
痛みは忘れられました。歩いたり走ったりできるとどんなに楽しいでしょう。
そうこうしているうちに戦場は近づいてきた。私たちは先に進まなければなりませんでした。
私たちはすべての荷物と食料を詰め込み、牛を連れて行きました。
彼女は荷馬車に縛り付けられて、小走りで歩いた。今、新鮮な牛乳がありました。
やがて気温が下がり、街路は霜で覆われました。
男たちは開いたワゴンの上でポールにまたがり、屋根を覆いました。
アーチを毛布で覆い、お子様を寒さや風から守ります。
急降下爆撃機からは防御手段を見つけることができませんでした。

飛行機が発砲し、爆弾が投下される中、私たちは森に逃げました。
攻撃が終わった後、私たちは馬と荷馬車に戻りました。
銃弾と爆弾が人、馬、荷車を引き裂き、
破片は煙と土の巨大な噴水の中に投げ込まれました。
即死した人もいた。彼らの体は砕け、脳は砕け散った
露出。重傷を負った人たちは救出を求めて叫んだ
耐え難い痛みと苦しみから。
男たちは負傷者を無傷の荷車の上に乗せて運んだ。
それから、まだいななきを残している負傷した馬を悲惨な状態から救い出します。

子どもたちは泣き叫び、母親は恐怖に震えながらこう考えた。

飛行機が接近し、攻撃を受けるたびに、死が近づいてきました。
装備を置き忘れて歩かなければならなかった人もいた。
爆弾ピット、瓦礫、死体の周りを旅しました
馬と人間の。秋が終わった。食べ物がまばらになった。
檻の中に豚がいる荒れ果てた農場を見つけることができたら、なんと幸運でしょう。
そして地下室には果物の缶詰。一晩中、男たちは
女性たちが手早く準備してシェアしてくれた豚の肉を切り分けた。
子どもたちは屋根裏部屋を探検してたくさんのおもちゃを見つけました。
男の子たちはチェッカーとチェスのゲームに参加しました。女の子達もびっくりしてた
かわいい磁器の顔と三つ編みの人形を見つけるために。

これらの宝物は、子供たちの将来の不安を和らげるのに役立ちました。
11月末には初雪が降りました。冬が近づいていました。
私たちは戦場を通り抜け、機関銃の音が聞こえ、
そして、廃墟の中で火が煙となって上がっていくのを眺めた。
ドイツ兵に守られて私たちは無傷で逃げました。
やめるには危険すぎる。私たちは一晩中運転しました。お母さん、びっくりして、
翌朝気づいたら食料がなくなっていて、
ワゴンに括り付けられた牛乳缶の中に保管されていた。
小麦粉の袋とラードの瓶2つだけが残った、

土の山からキャベツとカブを得るまで。

朝食に母は牛のミルクで団子を作りました。
夕食のキャベツやカブを雪水で茹でます。
雪の吹きだまりの中を荷物を引っ張るのは馬の体力を消耗させます。
大人たちは凍った足と手で雪の中をよろめきました。
飢えの苦しみにより、母親、子供、そして男性は疲れ果てました。
神の恵みが私たちを生かし、羽毛布団を温めてくれました。
家族だけが毛布にくるまって凍死した。
雪の外套が彼らの棺と墓になった。
軍団の前でひざまずいている母親は、子供を亡くしていました。
彼女は悲しみと恐ろしい境遇を終わらせてくださるよう神に祈りました。

健康と体力が低下しました。輝きのない暗い瞳、
冬の陰惨な闇の中で見つめた、痕跡を残した
老若男女問わず。長老たちが決断した
立ち止まって避難所を見つけ、新たな食糧を得るために。
ポーランド人の女性が私たちを憐れんで、一部屋くれました。
キッチンとちょっとした食事。牛は家を見つけました。
クリスマスが近づいてきました。我が家からは遠く離れていますが、
私たちは集まってお祝いの方法を考えました。
女の子たちは紙片とわらで星を作りました。
少年たちは木を求めて森に入ることにしました。

お母さんはクッキーと特別なパンを焼きました。何という味でしょう！
貴重な贈り物であるガチョウのローストが宴を締めくくった。
戦争と恐怖からの束の間の休息が私たちを忘れさせてくれました
恐ろしい光景、飢え、そして寒さ。体重が少し増えました。
大人も若者もここで大晦日を過ごしました
今年の鐘を鳴らすのは、1945 年です。
私たちの夢は長くは続かず、あっという間に終わりました。ロシア人が前進した。
私たちは押し進めなければなりませんでした。男たちはワゴンを修理し、カバーを補強した。
こうして私たちは旅の中で最も困難で最も長い道のりを始めました。
毎日、私たちはこの困難を乗り越えるために苦労していました
冬、凍傷、飢え、病気、痛み、恐怖
空気を突き抜けて私たちを殺す銃弾のこと。
何千人もの人々がバルト海で幸か不幸かの運命に遭遇しました。
暖房のない貨物列車に詰め込まれた人たちは逃げようとした。
寒さで死の腕に押し込められながら歩いた人もいた。
生き地獄と危険を最後の息で終わらせる。
ヴァイクセル川の北部に到着しました。
敵が横切るのを防ぐために、
ほとんどの橋が爆破されました。今、厳しい寒さを抱きしめた
氷の板を越えて抱きしめた友人として

人も馬も荷車も。しかし、安全に運転する方法は、
急峻な川岸が私たちの決定的な問題となった。
男たちは木を伐採し、適切な大きさに整え、
それからポールを後輪に押し込み、氷上で
彼らは向きを変えることができなかった。両端にいる二人の男が梁を押さえつけた
ワゴンの速度を落とし、リムから転落するのを防ぐため。
男性たちは馬の靴に特別な鋲を入れて保管していました。
とても急な坂道で滑ったり滑り落ちたりするのを防ぎます。
列を作って子どもたちの手を組む母親たち、
全員が無事に通過できるまで祈りを捧げる川。

各ワゴンはゆっくりと降ろされ、凍った道を横切りました。
西岸の困難な登りが始まりました。男性が背中を押してくれた
馬車までは、そのたびに馬が荷物を引き上げようとした。
何度も馬は汗だくになりながら後ずさりした
そして泡立ち。夕暮れ時、7人全員が無傷で頂上に到達した。
満天の星空の下、私たちはキャンプをしました。
誰もが私たちほど幸運だったわけではありません。馬や荷車ごと飛び込む者もいた
急な土手を下って最後の休憩へ。馬も物資もなければ、
人々は徒歩で困難な旅を続けなければなりませんでしたが、
彼らがどのような運命に遭遇し、どこまで到達したのかは
誰も知りませんでした。

1月と2月の冬の猛威により、私たちのペースは遅くなりました。
飢えは老若男女を苦しめ、食べ物は不足しました。
馬小屋や納屋、空き家の藁の上で私たちは眠りました。
ダウンカバー8枚、冷凍から持ち帰って保管しておりました。
私たちはこれまでのどの年よりもはるかに春を迎えました。
木々が芽吹き、花が咲き、鳥が飛び立つのを見るために、
冬の憂鬱を取り除き、再び心に喜びを注ぎました。
今、私たちはワゴンの前に座って、それぞれの町を眺めることができます
通り過ぎてください。私たちは頬に当たる日差しの温かさを味わいました。
子どもたちはヒバリの鳴き声を笑いながら聞いていました。
私たちはシュレースヴィヒ・ホルシュタイン州のゾフィーエンホフに到着しました。
そしてワンベッドルームのアパートをヘイン家族とシェアしていました。
今、私たちは一軒家に住んでいて、たくさんの食べ物を食べました。
母は満足し、34人全員が生き残って神に感謝した
神の恵みを祈り、子供たちを守ってくれるよう祈った
爆弾による危険と死から、今は私たちに向けられています。
隠れるバンカーや地下室はありません。私たちは森の中に逃げ込みました。
爆発が地球を引き裂いた。私たちは待って見ていました。

子どもたちは泣き、震え、終わりが近いのではないかと恐れた。
母の慰めの手だけが、それぞれの涙を拭いてくれました。
日中は空襲が続き、夜には爆撃が続いた
ついに戦争が終わり、戦いが止まるまで。
1945年5月8日、
ドイツは降伏した！勝者たちは「万歳！」と叫びました。
西部に到達した難民たちはどれほど感謝したことでしょう。
しかし、東部では最悪の恐怖がドイツ人を待っていた。
夜になるとロシア兵がやって来て辺りを見回した。
彼らは見つけたすべての女性と年上の女の子を捕まえました。

抵抗した者はその場で殴られたり、拷問されたり、銃殺されたりした。
泣き叫ぶ犠牲者たちは残酷な運命に耐えなければならなかった。
毎晩1、2回以上レイプされる。
彼らは逃げ場のない楔に追い込まれた。
死ぬか、レイプの残忍な恐怖に耐えるか。
彼らの心の傷は一生つきまとった。
ナイフを使って苦しみを終わらせた人もいました。
いかなる政府からも保護されていないドイツ人は、
殺されたり、殴られたり、憎しみや残酷な罰を受けたりした場合:
住宅所有者は強盗され、呪われ、土地を追われました。

身体的に健常者は一銭も与えられずに労働を強制された。
男も女も何年もそのような非人間的な生活に耐え、
再加入する前に、家族や妻が衰弱していました。

西側へは、老いも若きも病弱な人々が貨車に乗って輸送され、
あるいは、罵られ鞭打たれながら牛のように歩かされる。
寒くて着るものも少なく、食糧も乏しい
多くの人が目的地に到着する前に亡くなった。
この巨大な戦争機械に抵抗した何百万もの人々、
自由を手に入れるために高い代償を払った。
なぜこれらの無実の人々が亡くなり、これほどの憎しみに耐えたのか、

地獄を味わってその門から逃げ出したのか？
なぜなら、彼らの指導者は、人を殺して権力の座に就いたからです。
彼に反対したり同意しなかった人全員。
罪のない人々は彼の栄光への欲望の代価を支払った。
彼は血を流しながら歴史上最も暗い章を書き上げた。
結局この戦争の勝者、敗者は誰だったのでしょうか？
関係するすべての国が富と命を費やしました。
戦争の英雄は記念碑や金メダルで飾られていました
しかし、英雄的な母親と子供たちの物語はほとんど語られません。
彼らの勇気、忍耐、持久力、勤勉、愛、そして信仰、

戦争中、彼らの親族と問題を抱えた国々は生き残ったのでしょうか？
戦争から帰還した兵士たちとともに復興した女性たち
破壊された都市、戦争で引き裂かれた土地、そして彼らの壊れた精神。
彼らは化膿した戦争の傷を癒し、国を回復しました。
そして、灰と都市の廃墟の中で愛が芽生えた。

しかし、歴史は、書かれたとおり、永遠に汚され、傷つけられるでしょう。
そして恐怖は、罪のない人々がどのように殺され、傷を負ったかを明らかにしました。
テーブルの周りには、母親と7人の子供たちが集まりました。
彼らの命を救ってくれた神に感謝した後、彼女はこう言った。
「子供たちよ、悩みを抱えたそれぞれの心に喜びを与えてください。

明日出発するかもしれないと思って、賢く生きてください。
戦争中に私たちに危害を加えた人々に対して憎しみを抱かないでください。
彼らを許してください！それはあなたを将来の絶望から解放します。
命を大切にし、神の貴重な贈り物に感謝してください。
生きる理由を見つけて、神と人々に最善を尽くしてください。
私たちは、すべての国の指導者がそうすることを願い、祈っています。
交渉を通じて意見の相違を解決します。
罪のない人々は常に苦しむのです！価格がはるかに高すぎます。
なぜなら、血は血を呼び、憎しみは憎しみを呼び、戦争は戦争を呼ぶからです。

しかし、平和は平和を生みます。愛は愛を生みます。そして最後に:
すべての人は兄弟です。神は全人類にとって最善のことを望んでいます。」

インスピレーション

輝きをたどってください

アザミを摘み、花を植えます。
悪に善をむさぼり食わせないでください。
悲しみがあるところに喜びをもたらしてください。
絶望した明日への希望を与えてください。

それぞれの邪悪な心に燃え上がり、
離れることのない神聖な愛。
疑いの心に出会ったら、
より深い信仰を見つけるのを助けてください。

あなたが輝く光となりますように、
そして小川に架かる橋、
他人に夢を抱かせる人
そして神の輝きに従ってください。

仕事

自分の手だけを使って作業する
あなたを労働者にしてしまいます。
あなたも職人になり、
筋肉と脳を使うとき。
心を込めてやれば、
あなたの作品は芸術作品になります。

人生を称える

人生に敬意を表し、
そしてあなたは神を敬います。
神は創造主だから
人生の
それはすべて良いことです。

愛、人生、永遠

太陽が忠実に昇るように
新しい日常と光を提供します
惑星とすべての生き物に勝利をもたらす
彼女の支出から生まれる進化した美しさ。

私もsuNのように利己的になりましょう。
私は神、自分自身、そして創造物を愛しています。私
神を命の与え主として理解し、その愛を
地上と永遠にわたって存続します。

神の言葉

聖書は神が書かれた言葉です。
自然とは神の考えが行動に移されたものです。
一方は他方をより深く理解するのに役立ちます。

個人的な名言

有限を深く探れば探るほど、
私たちは無限の前に畏敬の念を抱くほどです。

「アメリカに神のご加護を」と言う代わりに。
私はこう言います。「すべてのアメリカ人が祖国にとって
祝福となりますように。」

北へ飛ぶ雁
自然の生きた発信地です
春の到来を告げる。

私の手は土の中で働いています
そして新たな生命の震えを感じてください。

偉大な頭脳のみ
最小のものまで到達できます。

人生はサボテンの梨のようなものです。
チクチクを気にしないなら
梨を手に入れます。

ああ、神様、心が痛むのです

ああ神様、私の心は痛んでいます、
人間の魂を見るために
汝を苦しめよ、永遠なる存在よ、
Self を彼らの唯一のアイドルにすることによって。
そしてあなたの救いの恵みを無視してください。

ああ、神様、私の心は高鳴っています
私の魂の許しが叫びます、
それは私の日常生活の中で
強調してなかったけど
あなたの聖なる愛はもう十分です。

ああ神様、私の心はこう祈っています。
「私たち全員が辛抱強く待ってください。
宣言をやめないようにしましょう
あなたの恵みはとても素晴らしいです。
あなたの愛は完璧なのですから！」

義務がかかっています

あなたの目は涙を流しています、
あなたが苦しんでいることは知っています。
それでも義務は課せられている、
そしてあなたはまたフォローします。

あなたが悲しんでいるとき、
そして苦痛があなたの心を満たします
あなたはまだ信じています
自分の役割を完了するため。

それは重要ではありません、
気分が悪くなったり、良くなったりすると、
あなたは無私の考えを持っています
そして、自分の財産をうまく運びましょう。

愛の9つの成分

1. 忍耐:「愛は長く苦しみます。」
穏やかで最高の作品レンダリングです、
耐えることはすべてを理解することです。

2. 優しさ:「行動における愛」。
親切にすることで幸せを作る。
無謬とは愛情深い心です。

3. 寛大さ:「愛は妬みません。」
それは他の人に寛大さを示します。
そして敵意を一切抱かない。

4. 謙虚さ:「愛は高ぶるものではありません。」
唇を閉ざして、やったことを忘れてしまう、
そして自慢せずに続けます。

5. 礼儀:「愛はみっともない行動をしません。」
些細な事でもマナーを守って、
他者に対する敬意と尊厳がもたらします。

6. 無私の心:「愛は自分のものを求めない。」
取るだけでは幸福はありません。

しかし、他者に奉仕し、与えることにおいては。

7. 良い気性:「愛は簡単には引き起こされません。」
機嫌が悪いと他人に大きな苦痛を与えます。
手綱を守らないと絆が壊れてしまいます。
8. ガイドレスネス:「愛は悪を考え、悪を行いません。」
それはあらゆる人の中に高貴なものを見ます。
批判は男性を萎縮させます。

9. 誠実さ:「愛は真実を喜びます。」
謙虚な心で真実を探求し、
検出された欠陥を明らかにしません。

どうやって愛するの?この崇高な芸術を毎日実践することによって。

私は誰を愛していますか?皆さんに、私は優しさを伝えなければなりません。
なぜ私は愛するのですか?神はまず私たちを愛してくださいました、そして愛は愛を生み出します。

私の魂の成長

崖の上に生える木のように、
狭い隙間に根を押し込み、
水や食べ物を探したり、
険しい地形で生き残り、繁栄するには:

だから私の信頼する魂を引き寄せる、
人生の嵐に脅かされたとき、
内側からの強さ
悲しみや試練に打ち勝つために。

風が幹をねじります。
そして枝を曲げます。
強い木は壊れず、ただ揺れるだけです。
彼らは岩の間にさらに根を送ります。

私の探求する魂が求めるのは
命と知恵の水
深くて果てのない井戸から
そして空からの天の蜜。

大地とつながっていれば
そして天球は、

私の心は優しく穏やかになります。
謙虚な精神が高揚しながら。

私は神の祝福を祈ります。
私の必要をすべて知っている人は、
そして私に太陽の光を送ってくれる、
ちょうどいいタイミングで嵐と雨が降る。

私が彼に従っていれば、
私の魂は成長し、花開きます。
彼女の美しさは反映されるだろう
愛らしくて、真実で、神聖なもの。

復活した救い主

ハレルヤ、復活したのは私たちの救い主です！
自然はお祭り気分でドレスアップします
復活した救い主を迎えるためです。
鳥と風が豊かに歌い、
ハレルヤ合唱団です。

私たちは死の刺し傷を感じた
冬の厳しい寒さの中、
でも今、私たちは息をするたびに賛美します
復活した救世主。

私たちは謙虚に復活された主に挨拶します。
私たちの心を喜びで満たしてください。
私たちはあなたの勝利を讃えます
死と罪を超えて、私たちの敵。
ハレルヤ、復活したのは私たちの救い主です！

あなたの光を輝かせましょう

太陽の光が神の美しさを映し出すように
そして毎日その契約を新たにし、
私も敬虔な思いと行いを通してそうすべきです
神が見事に造られた神の世界を尊敬してください。
輝いて、輝いて、神の光を広げてください、神聖です。
夜の闇を払いのけて、
そして神聖な真実と力で自分を守りましょう。
ですから、私の人生は神の天の光を反映しており、
そして神の愛と神聖な権利を明らかにします。
輝いて、輝いて、神の愛を反映して、神聖です。

旅の途中で出会った人たちに、
私が描く神の愛に満ちた人物像、
それで彼らも神に仕えることを切望するでしょう。
あるいは、イエス・キリストへの信仰が新たになります。
輝いて、輝いて、神の光を広げてください、神聖です。

これまで主は私を助けてくださいました

これまで主は私を助けてくださいました
長年の試練を乗り越えて勝利へ。
彼の愛情深い手は私の手をしっかりと握っていました。い
つ
その時、私は弱っていたり、弱っていたり、病気だったり
していました。
彼は私を翼に乗せて持ち上げ、
私に健康と力を貸してくれました
他の人にとっても、救いの手。
それで、いくつかのストレッチは地獄のように思えました
が、
イエス様が私の罪を赦してくださったとき、
彼は天国で私の魂に会うでしょう、
そして父の栄光を分かち合うよう私に命じてください
神の書かれた物語を永遠に生きること。
神様はこれまで私を大いに助けてくださいました。
彼の愛は私の旅路も導くでしょう。

悲しみ

悲しみ、神の恵みの力、
男性の性格を深く明らかにします。
神は私たちを壊し、そして私たちを作り直す
多くの偉大な実を結ぶこと。
神は体を癒し、魂を修復し、
そうすれば、私たちはさらに良く神に仕えることができます。
石だらけの道を歩きながら、僕らは歩く
神は私たちがくびきを負うのを助けてくださいます。
あらゆる試練を乗り越えたとき
私たちの心に平和と喜びが満ちてきます。

私は一人ではない

人生の嵐が長く激しく吹くとき、
そして痛みと悲しみが私の心を引き裂き、
神様、私の友人と見知らぬ人が集まります
確かに、私のニーズは毎日だけです。

彼らは私の混乱した心を落ち着かせ、平和をもたらします
悲しみと恐怖を置き換えます。彼らは楽になります
重い荷物。彼らの愛と思いやり
比類のない慰めをしてください。

神が支配してくださっているので、私は恐れません
彼は私を愛して、涙を一つ一つ拭ってくれます。
神は常に最善を尽くしてくださることを私は知っています。
私の信仰は強くなります。私は豊かに恵まれています。

私は神を信頼しています、大切な友達がいます
祈り、助けの手を差し伸べる人々。
彼らは私の精神が落ち込んでいるときに元気づけてくれます。
神に感謝します、私は一人ではありません。

合計ボーナス

いくつかの宗教は私たちに信じ込ませますが、
信仰は人生における最高の善です。
しかし、キリストは私たちに新しく最高の信条を教えてくださいました。
それは決して失敗することはなく、まさに普遍的です。

「今、信仰、希望、そして愛が持続します。
しかし、3つの中で最も偉大なものは愛です。
神、人々、そして創造物を愛することによって、あなたは間接的には、他のすべての戒めが満たされます。

どのような信条であっても、
あなたの行為はなんと無私無欲なのでしょうか
なんて崇高な考えなんだろう、
どれだけ与えるか、
他の人にとっては終身休暇、
愛がなかったら、
上記の精神から、
それはあなたを預言していません。」

目の見えない人の願い

3日しか見られなかったら:

まず、友達の顔を見るのが好きです
そして親切にしてくださった皆様。
心に刻み込むために
彼らの魂を映し出す美しさ。

赤ちゃんの顔に目をやめる
彼らの無邪気な姿を捉えるために
人生の葛藤によっても変わることなく、
そして彼らの愛らしさを吸収してください。

二日目、私は太陽とともに起きます
自然の美しさに目を酔いしれ、
そして見よ、雄大なパノラマ
その素晴らしい色と光のすべて。

私は絵が描かれた森の中を散歩しました。
そして、夜の星空を眺めてみましょう。

美術館に行ってみようと思います
人間の魂を探ること。

私が触れたものは、今なら見えるはずだ。
劇場で過ごす夜
演劇のドラマを見るには
そしてバレエのリズミカルな動き。

3日目は見に行きたいと思います
大都市の喧騒。
カラフルなファッションに身を包んだ人々
そして彼らの表情を観察してください。

私は金持ちと貧乏人が住んでいる場所に行きます
彼らがどのように働き、どのように生活しているかを理解するため。
再び闇が私に降りかかるとき、
見るべきものがどれほど残っているかを実感しました。

目に映るものすべてがとても愛おしくなった。
これからは自分の五感を大切にして、
まるで明日には失敗するかのように。
しかし、視覚は断然最大の喜びをもたらします。

大晦日に棚卸しをする

一年も終わりに近づいてきましたが、
棚卸しをする時期が来ました。
私は内省的な一時停止の中で思い出します、
すでに達成した目標。

希望からどれだけ離れているのか
そして私が達成しようとしている夢は？
坂道を滑り落ちてるのかな、
流れに逆らって泳ぐのが難しいときは？

高いところに到達したのか、
天国の井戸から美しさを飲みますか？
私に不屈の精神があったのか
私の不安から学ぶためですか？

マイナスを引いてプラスを足して、
神に感謝します、神は豊かに祝福してくださいました
私の努力、そう知って、
新しい目標を設定しました。休む暇はない。

私は粘り強く、最善を目指して努力しなければなりません、
私のすべての探求を神に捧げてください。
彼の知恵は私を上から導き、
そうすれば私は繁栄し、神の愛を分かち合うことができます。

私の魂は知恵に飢えています

体は食べ物で満足できます。

シェルターは暑さや寒さから私を守ってくれます。

世界は私の目に美しいものを与えてくれる、

良い音楽はメロディーで耳を満たします。

私の心は友情と愛に慰めを感じます。

しかし、私の魂は上からの知恵を渇望しています。

月のない真夜中の空

私は真夜中の空の輝きを前に畏敬の念を抱いて立っています。

創造主の御業を理解することはできませんが、

星を作り、宇宙に送り出す人。

彼は宇宙の虚空に月や惑星を散らします。彼らは飛びます、

完璧なパターンで宇宙球を通過し、その後

太陽の光が地球に届くと、私の視界から消えてしまいます。

良い種

たとえ最悪の人間であっても
良い種もあるし、
発芽を待っています
私たちの親切な行為を通して。

個人的な名言

あなたを幸せにすることは何でもしてください。
しかし、他人を不幸にするようなことは何もありません。

なぜ目標を達成するために急ぐ必要があるのでしょうか?
時間が取れるときは
そしてそれを達成する過程を楽しみましょう。

トラブル：
どちらかが障害になります
それとも踏み台？
知っておくべき慰めとは、
選択は私にあります。

私は満足しており、恵まれています。
私がベストの状態で機能しているとき。

自分自身と銀が隣人のニーズを妨げる
無私の愛が私たちの兄弟たちの傷を癒します。

言葉は翼だ
メッセージを運ぶ
私の心から

あなたの心に。

柔らかく愛に満ちた心だけ
壊れません、
人生の波がそれを打ちつけるとき、
岩だらけの海岸。

コーナーストーン

誠実で、探求し、愛する心
偉大さの基礎です。

私たちの丘

門は施錠されています。
そして家は静かです。
暖かい日も残りましたが、
冷たい秋風がやって来ました。
雪が降るでしょう
そして私たちの丘を眠らせてください。

今は寂しいです
空き家の周り。
残念です
愛ある抱擁を奪われて
そして優しい笑顔、
優しい会話も。

もうすぐ出発します
晴れたメキシコへ。
自然は見守るだろう
私たちの大切な丘を越えて。
戻ってくるまで
暖かい日が続く春。

今では何マイルも離れたところに

私たちは毎日夢を見て生きています。
私たちの世界では、
輝かしい楽園。
私たちの心まで
再び私たちの丘で喜びましょう。

春

春の到来！自然は更新します
地球を鮮やかな色で染め上げること。

彼女はさまざまな色合いの緑の葉を産みます
すべての木、雑草、茂みに。

そして彼女の最も芸術的なタッチで
彼女はブラシで水を振りかける

植物に咲く素敵な花びら
多彩な色彩の華やかさの中で、

たとえ最も芸術的な手であっても
人間にはレンダリングできません。

それから彼女は鳥をその場に放り投げます
他にもたくさんの生き物がいます。

彼女は地上の顔を飾り、
絶妙な機能を備えています。

最も偉大な巨匠は彼女の芸術を鑑賞し、
崇高なスキルで生命を吹き込みます。

春は今、私の心を歓喜で満たしています。
彼女の美しさは比類がありません。

アウトドアに来てください

私の窓では風がヒューヒューと吹いています、
屋外に来てくださいと懇願します。
「ほら、自然の贈り物を探索してください
そしてスミレやヒナギクを摘んで、
森の中や野原の中。
生きる喜びを新たにしてあげる
春との出会いを通して。」

羽の生えた友達に餌をやる

羽の生えた小さな友達に餌をやる
いつも私に喜びを与えてくれます。

大きな黒いカラスが用心深くやってくる
そして、私が投げるパンを彼のくちばしに詰めます。

2匹の勇敢なアオカケスが素早く飛び込みます
そして、おいしいひと口がたくさんあります。

それから着陸しました、カーディナルさん
ちょっと味見するために、私は落ちました。

そして急いでピンチをつかむ
パン粉から、小さな黄色いフィンチ。

朝の休憩の後、
彼らはおしゃべりをし、感謝の気持ちを唱えます。

ライジングサン

淡いピンクの雲を通してかすかな星の光が差し込む
そして、緑がかった青の壊れた縞模様も同様でした。
海は金のベルベットのキルトを広げます
生まれたばかりの太陽光線が降下して見えるように

生命に満ちた丘の宝物はその後横たわっていた
紋章の上には、金色の線条細工の冠があります。
ペリカンの群れが静かな湾の上を飛んでいきました
魚群を探して潜ってみよう

お腹を満たすために。カモメが空を突き抜けた
太陽とその光の家族に挨拶するために
ごつごつとした崖を登ったのは、どこからでしょうか？
彼らは宇宙へ上昇し始めました。

私の楽しい心は夜明けを迎えました。
私の創造者に、私はこう祈り始めました。
「私は太陽、地球、そしてあなたに感謝します。
あなたの偉大な宇宙の一部であるために。」

信仰

聖なる三角形

もし私が一人で立っているとしたら、
私はポールのようなものです、
それは簡単に起こりがちです
つまずいて転ぶこと。

友達がいたら
1マイル一緒に歩いてくれる人は、
私たちはとても長い期間続きます。
私たちが神を抱きしめるなら
私たちの仲間として、
私たちは聖なる三大神を形成し、

等しい部分を追加します。
愛、希望、そして信仰について
神聖な結合を生み出すには、
それは強固な基盤の上に成り立っています。

リフレクションズ

私はアイデアの受信者であり、発信者でもあります。
物質世界に同調したら
そして彼らの哲学を受け入れてください。
タイムリーも無駄も反映させていただきます！
代わりに、私が神の御言葉を受け入れて従うなら、
神聖なもの、永遠のものを表現し、伝えていきます。

ベツレヘムへの旅

星がとても明るく輝いていました
その光を追ってくださいと懇願しています。
聖なる輝きとともに旅をした
ベツレヘムに連れて行ってくれる。

驚いたことに馬小屋に止まったのですが、
生まれたばかりのベイビーに目を向けた
干し草の上でマネージャーに横たわる
とても貧弱で謙虚な方法で。

出発の準備はできていました。
天国からの歌を聞いたとき
「あなたには神の子が与えられました。」
心を込めて聴きました。

私はひざまずいて、もう一度子供を見つめました。
私の心は神の独り子を抱きしめ、
私の魂が崇拝され見られている間
キリスト、世界の救い主。

神の偉大な愛

ああ神よ、私の天の父よ、
理解できません
あなたの愛の偉大さ。
あなたが送ったあなたの一人息子
ここ地球上で苦しむこと。
今、私たちは自由です
あなたを崇拝するために、
永遠に。

人生のシンフォニー

人生の賛美と喜びの歌
高い梢では風がそよぐ。
心の奥底から響く
遠くから、そして近くから、このリズミカルな旋律。

波が優しく岸辺に打ち寄せ、
そして海に回収します。
時々彼らはドクドクと音を立てて、そして砕け散り、轟音を立てます
落ち着きのない怒涛のラプソディ。

鳥もミツバチもコオロギも
お祭り気分の夏の合唱団で歌いましょう。
楽器が奏でる音楽
物思いにふける人間の心はインスピレーションを与えます。

それでも、静けさの中で見えるのは、
彗星は宇宙を突き抜けます。
誕生する星もあれば、死ぬ星もある。
生命は地球上のあらゆる場所で脈動しています。

神は神聖な交響曲を書く
すべての高貴な人間の心の中に
生命と不死について
そして神の完全な愛と言葉について。

イエス・キリストの性格

ユダヤにイエス・キリストという人が住んでいました。
パリサイ人によって群衆から拒絶され、軽蔑された
しかし弟子たちからは神の子として崇拝されています。
彼はすべての兄弟愛に愛を説きました。

彼は罪人たちとともに泣き、貧しい人たちや金持ちたちとともにパンを裂きました。
触れて祈りながら、イエスは死んだ人たちを生き返らせました。
神は足の不自由な人には歩けるように命じ、目の見えない人には視力を回復させました。
彼は子供たちを祝福し、大人たちに何が間違っていて何が正しいのかを教えました。

彼は思いやりがあり、謙虚で、賢明で、公正でした。
神の子、私たちが信頼できる人間、
並外れた美貌の持ち主。
イエスは人々の必要を満たしながらも、父の義務を果たしました。

彼は告発者たちを祝福し、もう一方の頬を向けた。
彼は残酷で弱い行為をした罪人を赦しました。
十字架に釘付けにされて、イエスは私たちの罪を苦しみ、死んでくださいました。
イエスは息を引き取りながら、私たちを愛し、こう叫びました。

「父よ、彼らを赦してください。彼らは自分たちが何をしたか知りません。
なぜあなたはあなたのひとり息子を見捨てたのですか？」
しかし、死さえも神の愛に逆らうことはできませんでした。
彼は墓を出て、上にいる父のもとによみがえりました。

「これは私の息子であり、私はとても満足しています。
彼を信じれば、あなたは安心して暮らせるでしょう
地上でも天国でも、終わりはありません。」
神の声が上から降りてきました。

彼のような心

（ダビデ王の生涯の研究）

ダビデは羊飼いの少年として野原を歩き回った
羊を飼い、喜んで神の律法に従いました。

彼は心と魂を込めて神に仕え、神を崇拝しました。
神は彼を祝福し、独特の役割を果たすために選びました。

神は知恵と力を増し加えられました。名声が高まり、
石投げを持ったとき、彼は巨人、ゴリアテを殺しました。

サウル王の息子ヨナタンと一緒に、
友情の誓約。彼らは運命を共にした。

ダビデはサウルの娘ミカルを愛していました。
しかし、サウルはパティエルとの結婚に手を出しました。

それからダビデはエズレルのアヒノアムと結婚し、
そして後にアビゲイルという名前の妻を選びました。

彼らは多くの息子と少数の魅力的な娘を育てました。
彼は父親として失敗した。家族のスキャンダルも巻き起こった。

悪霊が落ち着きのない王サウルを拷問したとき、
ダビデはハープを弾き、彼のために歌ってくれました。

戦士として彼は優れ、人を殺した
ペリシテ人。彼は多くの注目を集めた

サウル王は神の道から外れ、
そして悪が彼の心に侵入して留まりました。

サウル王の考えは嫉妬を生み、
彼は容赦なくデビッドを殺そうとしました。

命を救うために、デビッドは逃げて隠れました。
苦しみながら、彼は神に憐れみを求めました。

ダビデがイスラエルを征服したとき、サウルは死んだ
彼の剣によって。ダビデと民は叫びました。

デビッドは友人のジョナサンも失いました。
ユダヤとイスラエルにとって、新しい時代が始まりました。

ダビデが彼らの王として油そそがれたとき、
彼らは彼が彼らに平和をもたらしてくれることを望み、祈った。

ダビデ王の規則は公正でした。彼は神のご意志に従いました。
彼は多くの戦争を戦い、勝利し、さらに強くなりました。

彼は友人の息子に優しさを示した

そして、普通の人たちへの思いやり。

ある日、ダビデ王が任務を怠ったとき、
彼はとても美しい女性を見た。

誘惑と欲望があまりにも大きかったので、
彼はバテシバを彼女の仲間から盗みました。

彼女が子供を妊娠したと知ったとき、
彼は夫を戦場に送り出した。

神はダビデの恐ろしい罪を罰した
幼い息子を早死にさせたことによって。

ダビデは断食し、泣き、神に叫びました。
「子供を助けて、代わりに私の命を奪ってください。」

彼は自分の罪深い行為に対して神に許しを乞うた
そして神は変わり、正しく生きることを約束しました。

神の恵みが彼らから呪いを取り除いてくれた
そして次男を授かり、

彼は彼をソロモンと名付け、主に愛されました。
一度赦されると、彼は神を崇拝し、賛美しました。

弧を見たくて、彼は心から願った、
そしてアブソロムが剣で死んだ後、ユダヤに行きなさい。

家に帰ると、彼は壊れた家族の問題を解決しました。
そして彼の王位に公正かつ賢明な後継者を選びました。

彼の息子ソロモンは油そそがれ王となり、
彼らは神殿を建て、お供え物を持ってきました。

人々はみな主の前にひざまずいて畏敬の念を表し、
そして彼らの王たちの慈悲を祝いました。

人々は街の広場を埋め尽くして集会を開き、
神へ、彼らの感謝と賛美の旋律を、
神はダビデの家を通して、ご自分の独り子を遣わされました。
恵みによってすべての人に救いをもたらすために。

輝かしいあの日の様子を垣間見ることができ、
礼拝と祈りの中ですべての膝をかがめるとき、

そして王の中の王、主の中の主に挨拶してください。
彼は花嫁を家に連れて帰り、彼の言葉を実現します。

デビッドが教えた重要な教訓は何ですか
彼が生涯にわたって戦ったすべての戦いを通して？

彼は私たちを神の栄光を讃美する高みに連れて行きました。
そして悲しく罪深い物語の深みへ。

彼が書いた詩篇はどれも鮮やかなテーマを表現していました
彼の魂の苦しみや感情は崇高なものです。

彼は私たちの中に深くて深い願望を目覚めさせました
私たちが望むすべてのことにキリストのような心を求めること。

私は一人ではない

人生の嵐が長く激しく吹くとき、
そして痛みと悲しみが私の心を引き裂き、
神様、私の友人と見知らぬ人が集まります
確かに、私のニーズは毎日だけです。

彼らは私の混乱した心を落ち着かせ、平和をもたらします
悲しみと恐怖を置き換えます。彼らは楽になります
重い荷物。彼らの愛と思いやり
比類のない慰めをしてください。

神が支配してくださっているので、私は恐れません
彼は私を愛して、涙を一つ一つ拭ってくれます。
神は常に最善を尽くしてくださることを私は知っています。
私の信仰は強くなります。私は豊かに恵まれています。

私は神を信頼しています、大切な友達がいます
祈り、助けの手を差し伸べる人々。
彼らは私の精神が落ち込んでいるときに元気づけてくれます。
神に感謝します、私は一人ではありません。

人類への希望

道徳的価値観から離れた人間が去ったとき、

そして悪が非常に多くの国を支配しているようですが、

神は人々の心の中で再び目覚める

彼の救いによる高貴さ。

偉大さは人間の心の中に現れるだろう、

それは神の啓示を理解します。

人類は再び平和的かつ公正に統治するでしょう。

キリストが王として再臨される時が近づいています。

神の民を導き、彼らを自由にするため

罪と束縛から。彼は信者たちに持ってくるだろう

地上に至るまでの彼の王国。救われた、彼らは

彼とともに平和と調和を統治するであろう

そして神の栄光を見てください。

彼らは彼を王の中の王として崇拝するでしょう

そして永遠に主の中の主。

著者について

ヒルデガルト・ボナッカー・ブルーニの伝記

ヒルデガルトは東プロイセンで生まれた
カイザーの狩場の近く。
第二次世界大戦中、彼女はプロイセンから逃亡した。
西ドイツで彼女は家を見つけた。

彼女は以前の教育を受けました
医学の医師助手として。
彼女はドイツという国を後にした。
そしてアメリカ国民になりました。

詩人になって芸術を学ぶこと。
この夢は彼女の心の中で育まれました。
彼女は芸術アカデミーで知識を集め、
ハーパー大学でクリエイティブライティングを学びました。

アルド・ブルーニ博士、彼女は後に結婚しました。
彼女は長年彼のクリニックを経営していました。
彼女は詩集を書きました
夫の10周年記念に。

国際詩協会、
彼女のいくつかの詩が出版され、録音されました。
彼らは一度彼女を今年の詩人に選んだ。
彼女はあらゆる面で文章を上達させます。

彼女の詩や絵だけでは芸術ではありません。
単に言葉や自然を表現したものではない
しかし二人の神秘的な結婚
彼女の創造主に敬意を表し、あなたを喜ばせるために。

UCLAの教授
彼女の仕事について次のように語っています。
「色彩の豊かさ、調和のとれた表示」
彼女の内なる喜びと美しさが描かれています。」

ヒルデガルトへ

高シエラ山脈のタホ
稀有な美しさの場所です。
山、湖、渓谷
どこにいても自然とつながりましょう。
そして写真を完璧にするために
ブルーニの写真は安心感をもたらします。
彼女の素晴らしいクリエイティブな才能により、
結果: 傑作

ジェントル・ブルーニを描き続ける
芸術は魂の慰めであり、
芸術は一つの救いかもしれない
それが最終的に私たちを完全にするでしょう。

ためらったり、ためらったりしないで、
義務を邪魔しないでください、
ワイルドアバンドンでペイントして、
あなたにはピアがいないことを私たちは知っているからです。

www.ingramcontent.com/pod-product-compliance
Lightning Source LLC
Chambersburg PA
CBHW051139120626
46547CB00012B/865
9781964100272